# 한국의 근현대 전법 선맥 (近現代 傳法 禪脈)

## 75조 경허 성우(鏡虛 惺牛) 전법선사

오도송

| | |
|---|---|
| 홀연히 콧구멍 없는 소 되라는 말끝에 | 忽聞人語無鼻孔 |
| 삼천계가 내 집임을 단박에 깨달았네 | 頓覺三千是我家 |
| 유월의 연암산을 내려가는 길에서 | 六月鷰岩山下路 |
| 일없는 야인이 태평가를 부르노라 | 野人無事太平歌 |

## 76조 만공 월면(滿空 月面) 전법선사

전법게

| | |
|---|---|
| 구름과 달, 산과 계곡이라, 곳곳에서 같음이여 | 雲月溪山處處同 |
| 선가의 나의 제자 수산의 큰 가풍일세 | 叟山禪子大家風 |
| 은근히 무문인을 그대에게 분부하니 | 慇懃分付無文印 |
| 이 기틀의 방편이 활안 중에 있노라 | 一段機權活眼中 |

\* 제75조 경허 성우 전법선사 전함 / 제76조 만공 월면 전법선사 받음

## 77조 전강 영신(田岡 永信) 전법선사

전법게

| | |
|---|---|
| 불조도 전한 바 없어서 | 佛祖未曾傳 |
| 나 또한 얻은 바 없음을… | 我亦無所得 |
| 가을빛 저물어 가는 날에 | 此日秋色暮 |
| 뒷산의 원숭이가 울고 있네 | 猿嘯在後峰 |

\* 제76조 만공 월면 전법선사 전함 / 제77조 전강 영신 전법선사 받음

## 78대 대원 문재현(大圓 文載賢) 전법선사

전법게

| | |
|---|---|
| 부처와 조사도 일찍이 전한 것이 아니거늘 | 佛祖未曾傳 |
| 나 또한 어찌 받았다 하며 준다 할 것인가 | 我亦何受授 |
| 이 법이 2천년대에 이르러서 | 此法二千年 |
| 널리 천하 사람을 제도하리라 | 廣度天下人 |

부송(付頌)

| | |
|---|---|
| 어상을 내리지 않고 이러-히 대한다 함이여 | 不下御床對如是 |
| 뒷날 돌아이가 구멍 없는 피리를 불리니 | 後日石兒吹無孔 |
| 이로부터 불법이 천하에 가득하리라 | 自此佛法滿天下 |

\* 제77조 전강 영신 전법선사 전함 / 제78대 대원 문재현 전법선사 받음

이 오도송과 전법게는 대원 문재현 선사님께서 법리에 맞도록 새롭게 번역한 것입니다.

# The Zen Lineage of Enlightenment in Modern Korea

## 75th Patriarch *JeonBeop* Zen Master GyeongHeo SeongU

- Song of Enlightenment

*Upon the words 'become an ox without nostrils',*
*At once I realized the entire universe is my home.*
*On the way down from Yeon-am mountain one day in June,*
*The enlightened man leisurely sings a song of great peace.*

## 76th Patriarch *JeonBeop* Zen Master ManGong WolMyeon

- Song of Dharma Transmission

*O'cloud and moon; mountain and stream: the same here and there.*
*This is the great tradition of SuSan[1], my student in the lineage of Zen.*
*Secretly entrust the traceless seal,*
*The way to enlightenment is in the living eye.*

\* Given by 75th Patriarch *JeonBeop* Zen Master GyeongHeo SeongU
  Received by 76th Patriarch *JeonBeop* Zen Master ManGong WolMyeon

## 77th Patriarch *JeonBeop* Zen Master JeonGang YeongSin

- Song of Dharma Transmission

*Even the Buddha and the patriarchs had transmitted nothing,*
*So too, I have received nothing.*
*On a day fading with the autumn hue,*
*The monkey cries in the mountains behind us.*

\* Given by 76th Patriarch *JeonBeop* Zen Master ManGong WolMyeon
  Received by 77th Patriarch *JeonBeop* Zen Master JeonGang YeongSin

## 78th Patriarch *JeonBeop* Zen Master DaeWon Moon JaeHyeon

- Song of Dharma Transmission

*Even the Buddha and the patriarchs had transmitted nothing,*
*How could I say I have received it or will give it.*
*This Dharma, in the 21st century,*
*Will be a refuge for all in this world.*

- Song of Entrusting the Dharma

*To respond just like this without leaving his throne,*
*In days to come a child of stone will blow a flute without holes.*
*Thenceforth, the Dharma will spread throughout heaven and earth.*

\* Given by 77th Patriarch *JeonBeop* Zen Master JeonGang YeongSin
  Received by 78th Patriarch *JeonBeop* Zen Master DaeWon Moon JaeHyeon

---

1) SuSan : Another name for *JeonBeop* Zen Master ManGong.

# 韩国的近现代传法禅脉

## 第75祖 镜虚惺牛传法禅师

- 悟道颂
忽闻人语无鼻孔
顿觉三千是我家
六月鹫岩山下路
野人无事太平歌

## 第76祖 满空月面传法禅师

- 传法偈
云月溪山处处同
叟山[2]禅子大家风
殷勤分付无文印
一段机权活眼中

\* 第75祖 镜虚 惺牛 传法禅师 传
第76祖 满空 月面 传法禅师 受

## 第77祖 田冈永信传法禅师

- 传法偈
佛祖未曾传
我亦无所得
此日秋色暮
猿啸在后峰

\* 第76祖 满空 月面 传法禅师 传
第77祖 田冈 永信 传法禅师 受

## 第78代 大圆文载贤传法禅师

- 传法偈
佛祖未曾传
我亦何受授
此法二千年
广度天下人

- 付颂
不下御床对如是
後日石儿吹无孔
自此佛法满天下

\* 第77祖 田冈 永信 传法禅师 传
第78代 大圆 文载贤 传法禅师 受

2) 叟山：满空月面传法禅师的号。

불조정맥 제 77조 대한불교조계종 전강 대선사님께서는, 16세에 출가하여 23세 때 첫 깨달음을 얻고 25세에 인가를 받으셨다. 당대의 7대 선지식인 만공, 혜봉, 혜월, 한암, 금봉, 보월, 용성 선사님의 인가를 한 몸에 받으셨으며, 이 중 만공 선사님께 전법게를 받아 그 뒤를 이으셨다. 당대의 선지식들이 모두 극찬할 정도로 그 법이 뛰어나서 '지혜제일 정전강' 이라 불렸다.

33세의 최연소의 나이로 통도사 조실을 하셨고, 법주사, 망월사, 동화사, 범어사, 천축사, 용주사, 정각사 등 유명선원 조실을 역임하시고 인천 용화사 법보선원의 조실로 일생을 마치셨다.

1975년 1월 13일, 용화사 법보선원의 천여 명 대중 앞에서 "어떤 것이 생사대사(生死大事)인고?" 자문한 후에 "악! 구구는 번성(飜成) 팔십일이니라." 라고 법문한 뒤, 눈을 감고 좌탈입망하셨다.

다비를 하던 날, 화려한 불빛이 일고 정골에서 구슬 같은 사리가 무수히 나왔다. 열반하시기까지 한결같이 공안 법문으로 최상승법을 드날리셨으니 그 투철한 깨달음과 뛰어난 법, 널리 교화하기를 그치지 않으셨던 점에 있어서 한국 근대 선종의 거목이라 일컬어지고 있다.

The Great Zen Master JeonGang of the Jogye Order of Korean Buddhism is the 77th Patriarch in the Dharma Lineage of the Buddha. He became a monk when he was 16 years old and enlightened to True Self when he was 23 years old. After receiving confirmation of his enlightenment, or *in-ga*, from the 7 great Zen Masters of the time: ManGong, HyeBong, HyeWol, HanAm, GeumBong, BoWol, YongSeong, he received formal transmission of the Dharma from Master ManGong when he was 25 years old. Because of the unsurpassed wisdom he showed during this time he was known as "JeonGang, the foremost in wisdom."

When he was 33 years old the great Zen Master JeonGang was requested to be the *Josil*, or spiritual master of the large monastery, Tongdo temple. This made him the youngest master to have ever held the position of *Josil* in a Korean Buddhism. Later he acted as *Josil* at the famous meditation halls at Beobju temple, Mang-wol temple, Donghwa temple, Beom-eo temple, Cheonchuk temple, Yongju temple and Jeong-gak temple.

He ended his life in the position of *Josil* at Yonghwa temple Beopbo meditation hall. On Jan 13, 1975 the assembly of one thousand or so gathered and he asked,

"What is the big work of life and death?" the assembly was quiet so he answered himself, "Hak! Even backwards 9 times 9 is 81," he said, then entered into Nirvana the very next moment.

On the day of his cremation the sky was illuminated with lights and many sarira, shaped like jewels, were found in the ashes. Until the day of his death Master JeonGang constantly taught one way to awaken to the highest Truth through the use of a *kong-an*. By virtue of his penetrating awakening he was able to teach countless meditators, and so was known as the 'main pillar' of the modern Korean Zen Tradition.

**佛祖正脉第77祖-大韩佛教曹溪宗田冈大禅师**16岁出家，23岁悟道，25岁受到了印可。当代的七大善知识满空、慧奉、慧月、汉巖、锦峯、宝月、龍城禅师都给与印可，田冈禅师其中受了满空禅师的传法偈，继承了他的佛法。

当代的善知识们都非常称赞他的佛法，所以人称外号"智慧第一郑田冈"。

33岁时以最年少的年龄担任了大韩民国通度寺的祖室，后来多次历任法住寺、望月寺、桐华寺、梵鱼寺、天竺寺、龙珠寺、正觉寺等寺院的祖室，最后担任仁川龙华寺法宝禅院祖室的时候结束了他的一生。

1975年1月13日，在龙华寺法宝禅院法堂上当着1000余人大众，自问"什么是生死大事？"然后"嗃！九九飜成八十一"说完闭眼端坐进入了涅槃。

茶毘（佛教用语：焚烧或火葬）时华丽的火光冲天，并从顶骨中整理出了很多舍利子。圆寂之前还在教化门上用公案法门指导最上乘佛法。这种彻悟境界和高超的佛法，以及孜孜不倦的教化精神被现代人誉为近代韩国禅宗的巨匠。

불조정맥 제78대 대원 문재현 전법선사
- 양대 강맥 전강대법회에서 법문 중 할을 하시는 모습

The 78th Patriarch in the Dharma Lineage of the Buddha *JeonBeop* Zen
Master DaeWon Moon JaeHyeon
- Master instructing disciples during Dharma talk.

佛祖正脉78代大圆文载贤传法禅师
- 出席两大讲脉传讲大法会，法门中棒喝的场面

오로지 정법만을 깨닫기 서원합니다
입을 열면 정법만을 설하기 서원합니다
중생이 다하는 그날까지 교화하기 서원합니다
– 대원 문재현 전법선사의 3대 서원

I vow to enlighten to the Truth.
I vow to speak of only the Truth.
I vow to teach only the Truth until all beings are saved.
- The Three Vows of *JeonBeop* Zen Master DaeWon Moon JaeHyeon

愿但求悟正法
愿开口说正法
愿教化到没有众生的那一天
– 大圆文载贤传法禅师的3大誓愿

# 불교 8대 선언문 / The eight pillars of Buddhism / 佛教8大宣言文

1. 불교는 자신에게서 영생을 발견하게 한 유일한 종교이다
2. 불교는 자신에게서 모든 지혜를 발견하게 한 유일한 종교이다
3. 불교는 자신에게서 모든 능력을 발견하게 한 유일한 종교이다
4. 불교는 자신에게서 모든 것을 이루게 한 유일한 종교이다
5. 불교는 자신에게서 극락을 발견하게 한 유일한 종교이다
6. 불교는 깨달으면 차별 없어 평등하다는 유일한 종교이다
7. 불교는 모든 억압 없이 자신감을 갖게 한 유일한 종교이다
8. 불교는 그러므로 온 누리에 영원할 만인의 종교이다

Buddhism is not a religion that blindly follows an omnipotent God, instead in Buddhism we:
1. Find the eternal life that we already possess
2. Find our innate and complete wisdom
3. Find our innate and unlimited abilities
4. Realize that everything comes from our Mind
5. Find that Paradise is innate within ourselves
6. Awaken to the equality of all things
7. Possess complete and true faith in ourselves
8. Find that Buddhism is for anyone at anytime

1. 佛教是唯一能从自身发现永生的宗教。
2. 佛教是唯一能从自身发现一切智慧的宗教。
3. 佛教是唯一能从自身发现一切能力的宗教。
4. 佛教是唯一能从自身成就一切的宗教。
5. 佛教是唯一能从自身发现极乐的宗教。
6. 佛教是唯一悟道了平等无差别的宗教。
7. 佛教是唯一没有一切抑压而让人抱有自信心的宗教。
8. 佛教是因此宇宙中永生的万人的宗教。

- 대원 문재현 전법선사 주창

- *JeonBeop* Zen Master DaeWon Moon JaeHyeon

- 大圆文载贤传法禅师主倡

3개국어판

# 법성게

## The Song of Dharma Nature

# 法性偈

대원 문재현 선사님의 법성게 법문집

# 법성게

도서출판 문젠(구, 바로보인)은 정맥선원에서 운영하고 있습니다.

* 인제산(人濟山) 성불사(成佛寺) 국제정맥선원
  경기도 포천시 내촌면 소리개길 86-178 ☎ 031-531-8805
* 인제산(人濟山) 이룬절 포천정맥선원
  경기도 포천시 내촌면 소리개길 86-123 ☎ 031-532-1918
* 도봉산(道峯山) 도봉정사(道峯精舍) 서울정맥선원
  서울시 도봉구 도봉로 921 문젠빌딩 2층 ☎ 02-3494-0122
* 백양산(白楊山) 자모사(慈母寺) 부산정맥선원
  부산시 동래구 아시아드대로 114번길 10 대륙코리아나 2층 212호 ☎ 051-503-6460
* 자모산(慈母山) 육조사(六祖寺) 청도정맥선원
  경북 청도군 매전면 동산리 산 50 ☎ 010-4543-2460
* 광암산(光巖山) 성도사(成道寺) 광주정맥선원
  광주광역시 광산구 삼도광암길 34 ☎ 062-944-4088
* 대통산(大通山) 대통사(大通寺) 해남정맥선원
  전남 해남군 화산면 송계길 132-98 중정마을 ☎ 061-536-6366

바로보인 불법 ❸❾

# 법성게(法性偈) 3개국어판

초판 1쇄 펴낸날  단기 4349년, 불기 3043년, 서기 2016년 10월 10일

법    문  대원 문재현 선사
펴 낸 곳  도서출판 문젠(Moonzen Press)
          11192, 경기도 포천시 내촌면 소리개길 86-178
          전화 031-534-3373  팩스 031-533-3387
신고번호  2010.11.24. 제2010-000004호

편집·윤문  진성 윤주영
제작·교정  도명 정행태, 진운 여정하, 김숙림
영어번역  원광 Eryn Michael Reager
중이빈역  천명 홍군표
인    쇄  가람문화사

도서출판문젠 - www.moonzenpress.com
정맥선원 - www.zenparadise.com
사막화방지국제연대(IUPD) - www.iupd.org

바로보인 불법 ㉟

# 법성게 3개국어판

의상(義湘) 대사 지음
대원 문재현 선사 법문

# 차 례

# 서 문

법성게는 한마디로 화엄경의 핵심부를 온통 훤출히 드러내놓은 게송이다. 이렇게 경의 뜻을 바로 관조하여 사무쳐 깨달으면 간화선으로 깨달은 것과 조금도 다를 바가 없다.

경의 뜻을 관조하여 통쾌하게 깨달은 분으로는 중국의 영가 선사를 들 수 있고, 해동 조선에서는 단연 독보적으로 법성게를 쓴 의상 조사를 들 수 있다.

거침없이 쏟아내놓은 법성게를 보노라면, 삼복염천에 시원한 바람과 함께 쏟아지는 소낙비를 맞는 통쾌함이라고나 할까. 한마디로 이 사람의 속을 시원하게 드러내 준 게송이라 할 것이다.

이러함에 반해버린 이 사람 역시 나오는 대로 법성게 법문을 처음 쏟아내놓은 것이 1962년 26세, 대구 보현사에 있을 때이다. 이 책에 수록된 법문은 1999년도에 두 번째로 법성게를 설한 것이다.

아무쪼록 이 사람의 사족인 법문이 법성게를 바르게 보아 사무쳐 깨닫게 하는 데에 일조가 되었으면 하는 바람이다.

단기(檀紀) 4341년
불기(佛紀) 3035년
서기(西紀) 2008년 음력 2월 27일

무등산인 대원 문재현 분향근서
(無等山人 大圓 文載賢 焚香謹書)

# 법성게 전문(全文)

의상(義湘) 대사

| | |
|---|---|
| 법의 성품 원융하여 두 상 없어서 | 法性圓融無二相 |
| 모든 법이 본래부터 동함 없다네 | 諸法不動本來寂 |
| 이름 없고 모양 없어 모두 끊어져 | 無名無相絶一切 |
| 깨달은 이 아니고선 모를 일일세 | 證智所知非餘境 |
| 참 성품이 심히 깊고 극히 미묘해 | 眞性甚深極微妙 |
| 그 자성을 지키잖고 연 따라 이뤄 | 不守自性隨緣成 |
| 하나 속에 여럿 들고 여럿 든 하나 | 一中一切多中一 |
| 하나이자 여럿이고 여럿인 하나 | 一卽一切多卽一 |
| 한 티끌이 시방세계 삼키었나니 | 一微塵中含十方 |
| 티끌티끌 티끌마다 또한 그렇네 | 一切塵中亦如是 |
| 한량없는 오랜 겁이 한 생각이며 | 無量遠劫卽一念 |
| 한 생각인 이대로가 오랜 겁이라 | 一念卽是無量劫 |
| 아홉 세상 열 세상이 하나이오나 | 九世十世互相卽 |
| 따로따로 섞임 없이 이룸 묘하네 | 仍不雜亂隔別成 |
| 처음 마음 발할 때가 깨달음이니 | 初發心時便正覺 |

나고 죽고 편한 열반 둘 아니어서　　　生死涅槃相共和
이치·일도 이러-하여 분별 없도다　　　理事冥然無分別
열 부처와 보현보살 대인경지라　　　十佛普賢大人境
부처님의 해인삼매 그 가운데서　　　能仁海印三昧中
사의 못 할 경계들을 뜻대로 내어　　　繁出如意不思議
보배비로 중생들을 이익케 하면　　　雨寶益生滿虛空
중생들은 그릇 따라 이익 얻도다　　　衆生隨器得利益
이런 고로 본분에서 누리려는 이　　　是故行者還本際
모든 망상 안 쉬고는 얻지 못하리　　　叵息妄想必不得
연 없건만 지혜로운 방편을 써서　　　無緣善巧捉如意
본집에서 분을 따라 만족케 하고　　　歸家隨分得資糧
다라니의 다함없는 보배를 써서　　　以陀羅尼無盡寶
온 법계인 참 궁전을 장엄을 하고　　　莊嚴法界實寶殿
본고향인 그 자리에 앉아서 보라　　　窮坐實際中道床
옛적부터 변함없는 부처이로세　　　舊來不動名爲佛

# 법 성 게 1

법의 성품 원융하여 두 상 없어서
모든 법이 본래부터 동함 없다네

法性圓融無二相
諸法不動本來寂

대원선사 법문

이 법의 성품이라는 것은 참으로 원융하여 모자람이 없어서 두 상이 없다는 것을 이야기하고 있습니다.

법성이라 할 것 같으면 여러 본연님들이 사무친, 안팎 없어 가 없이 신령한 그 자리를 법성이라 합니다. 이 자리에 계신 분들은 모두 그 자리에 사무친 이들입니다.

원융이란 법성이 묘한 지혜덕상을 모자람 없이 다 품고 있는 것을 원융이라고 합니다. 법성이 이렇게 원융하기 때문에 우리가 삼천대천세계를 건립해놓고 두 상이 없는 가운데 누릴 수 있는 것입니다. 이것이 신묘한 것입니다.

여러분, 우리가 이렇게 낯을 마주하고 있습니다. 그런데 서로 이렇게 낯을 마주하고 있는 데에서 "공간이 없다, 공간이 없을 뿐만 아니라 시간도 없다."라고 이야기하면 수용이 되겠습니까?

이 자리에 앉은 분들이 아니고서는 아마 수용이 안 될 것입니다. 이것이 참으로 묘하지 않습니까?

내가 늘 기회가 있을 때마다 말하지만, 우주는 가가 없습니다.

가없다는 말은 다시 말하면 밖이 없다는 말입니다. 과학계에서도 우주는 밖이 없다는 내용을 담은 책자를 발간하였습니다. 우주는 밖이 없다고 하면 여러분들은 간단히 받아들일는지 모르지만 굉장한 말입니다.

밖이 없다는 것이 무슨 말입니까? 안이 없다는 말입니다. 안팎이 없으면 공간이 있을 수 없습니다. 공간이란 A지점과 B지점의 사이를 말합니다. 그러니까 '빌 공'자, '사이 간'자 공간이라고 합니다. 공간이 없다면 어떻겠습니까? 시간도 있을 수 없습니다. 다만 업으로 말미암아 우리가 시간·공간을 볼 뿐 애당초 시공이란 것이 없습니다.

시간이 없는 세상에 살면 어떻겠습니까? 내가 저 서랍 속에서 서류를 꺼내서 무슨 일을 해야겠다 하면 그 생각을 하는 것과 동시에 그 일이 이루어져 있어야 합니다.

가령 저 밥을 먹어야겠다 하고 생각하면 이미 그 밥을 먹어 소화가 되어서 체내에 들어가 제 역할을 분야별로 다 하고 있어야 합니다.

그런데 여러분 지금 그런 삶을 삽니까? 사람들은 이러한 문제를 깊이 생각해보지 않고 그냥 넘어갑니다. 그 어떤 문제라도 심도 있게 들여다보면 진리 아닌 것이 없습니다. 이 세상 티끌 하나 속에서도 모든 이치를 다 들여다볼 수 있는 것입니다.

'어떻게 시간과 공간이 없는 그런 삶이 있느냐. 시간·공간이 없다면 삶이라는 말도 있을 수 없지 않느냐.'라고도 생각할 수 있습니다. 그런데 도리어 나는 그런 삶을 영위하느냐, 누리느냐고 물었습니다.

사실 우리는 이미 그런 삶을 살고 있습니다. 방금 얘기했지만 먼지 하나도 깊이 있게 관찰하면 이 우주의 모든 이치를 다 발견할 수 있는 것입니다.

여러분이 늘상 경험하는 꿈꾸는 일을 비유로 들어 이야기해 보겠습니다. 꿈을 꾸어봤지요?

꿈을 꿀 때에는 꿈꾸기 이전의 세상도, 꿈을 깨고 난 이후의 세상도 없습니다. 오직 꿈꾸는 그 세상만이 현실입니다.

만약에 꿈을 꾸기 전의 얘기를 하든가, 꿈 깬 후의 얘기를 하면서 "너는 이러저러한 세상, 지구촌 아무 때 아무 곳에서 지금 잠을 맛있게 자고 있다. 그런데 잠을 자다가 꿈을 꾸는 과정에서 네가 이 세계를 전개시켜 놓고 이렇게 돌아다니는 것이다. 그러므로 이 모든 것은 있는 것이 아니다. 있는 것이 아니므로 너는 한 가지도 본 것이 없다." 이렇게 말한다면 기가 막힐 것입니다.

산을 보니 푸르고, 내를 보니 흘러가고, 동에서 해 뜨고, 서산에 해 지는데 저것이 왜 없다 하느냐, 왜 보지 못했다 하느냐고 할 것입니다. 보지 못했다면 어떻게 저 해를 보고 해라 하며, 달을 보고 달이라 하며, 산을 보고 산이라 하며, 물을 보고 물이라 하냐고 할 것입니다.

그런데 내가 꿈꾸는 사람에게 이야기한다고 합시다. "다른 것은 그만두고 이 햇빛마저도 너는 보지 못했다. 햇빛도 보지 못했는데 무슨 산을 보겠느냐? 그러므로 너는 단 한 가지도·바르게 본 것이 없다."라고 한다면 그 사람이 뭐라고 하겠습니까?

이 사람이 미쳐도 한참 미쳤고, 제정신이 아니라고 하겠지요? (일제히 "예"라고 대답하다)

대답은 잘 하는구만. 지금 여러분이 그러고 있습니다.

엊저녁에 꿈을 꾸었을 때, 꿈의 밝음이 밝음입니까? 밝음이 밝음 아니니까 어둠도 어둠 아니겠지요? 밝음이 밝음 아니고 어둠이 어둠 아니면 푸르고 누른 것도 푸르고 누른 것이 아닙니다. 그래서 단 한 가지도 바르게 본 것이 없다고 한 것입니다.

그렇습니다. 늘 얘기하지만 꿈속에서 건립해놓고 활보하고 다니던 그 넓은 세상이 우리가 꿈을 깨고 보면 잠재의식의 발로였습니다. 그러면 잠재의식을 한번 내놓아보십시오.

잠재의식은 내놓을 수 없을 뿐만 아니라 침끝 하나 세울 자리도 차지하고 있지 않습니다. 침끝 하나라도 세울 데가 있으면 내놓아보십시오. 침끝 하나도 세울 수 없는 자리면 안팎이 없는 자립니다. 안팎 없는 잠재의식 중에 그 넓은 세계를 전개한 것입니다.

그런데 어째서 이 자리에서 지금 서로 보면서, 마주 대하면서 시간·공간이 없다는 말은 믿지 못합니까?

어찌 이 자리에 와서야 새삼스럽게 믿겠습니까. 우리가 심외무물(心外無物)인 가없는 체성(體性)에 사무쳤을 때 이미 체험한 바 아닙니까? (일제히 "예"라고 대답하다)

그렇습니다. 법성은 이렇게 원융하여 두 상이 없습니다. 이렇게 볼 때에 비로소 법성원융무이상의 이치를 바로 본 것입니다.

'모든 법이 본래부터 동함 없다네'

무엇이 모든 법입니까? 엊저녁에 꿈속의 만상을 전개했으나 정말로 단 한 가지도 전개한 일이 없지 않습니까?

그러나 전개한 일이 없다 해도 안 됩니다. 전개한 일이 없으면 꿈꾼 일도 없어야 하기 때문입니다.

이렇게 청황적백, 희노애락, 고저장단, 삼라만상과 그 속에 천만억 곱하기 천만억을 몇 천만억 번을 해도 다하지 못할 갖은 세계를 불가사의하게 전개했지만, 모든 법이 단 한 가지도 움직인 적이 없어 본래부터 고요하다 했으니 이 도리가 어떻습니까?

엊저녁에 꿈속에서 꿈이 꿈인 줄 알면 전개한 일이 없을 뿐 아니라 움직인 적도 없겠지요? ("예") 그러한 가운데 다 누리겠지요? ("예") 이것이 묘유(妙有)입니다.

이러-해서 이 모든 법이라는 명칭이 생긴 것입니다. 이러-해서 또한 모든 법이 본래부터 움직임이 없어 고요하다고 하는 것입니다.

토끼뿔

서로가 가없는 성품이라서
공간시간 없건만 마주 대하여
이러-히 주고받는 낙을 누리나
움직여 지은 바는 전혀 없다네

험!

# 법성게 2

이름 없고 모양 없어 모두 끊어져
깨달은 이 아니고선 모를 일일세

無名無相絶一切
證智所知非餘境

대원선사 법문

 법성은 이름도 없고 모양도 없어서 일체가 다 끊어졌습니다.
이름 없고 모양 없어 모두 끊어져 심외무물이라서 마음 이외에
티끌 하나도 서지 못합니다.
 오늘 처음으로 공부지도를 받은 이가 저 뒤에 앉아 있습니다.
이제 공부가 됐으니 이 얘기를 잘 들어보십시오.
 오늘 사무친 가없는 체성자리와 지금의 법문들이 일치됩니까,
일치되지 않습니까? 그 자리에 사무쳐놓고 보니 그 전에는 이
론으로 알았던 반야심경 도리가 실증으로 체험이 되지 않습니
까? ("예") 그렇습니다. 그래서 이름도 끊어졌고 모양도 끊어
져서 일체가 다 끊어졌습니다.
 그 자리, 안팎 없는 체성에 사무치니까 심외무물이어서 내 체
성 밖에 티끌 하나도 서지를 못 합니다. 말하자니까 끊어졌다
하는 것입니다. 끊어질 것이 있어야 끊어지지요.
 엊저녁 꿈속에서 전개해놓았던 것을 깨고 나서는 없어졌다고
그럽니다. 본래 상이 없었는데 무엇이 없어졌다는 것입니까? 거

기에서 일체가 끊어졌다는 이치를 우리가 들여다볼 수 있습니다.

이것은 증득한 지혜로써만 알 바여서 나머지 경계로써는 알 수가 없습니다.

지금 이 자리에 앉은 여러분들은 대단한 분들입니다. 본연님들이 나를 만나서 너무 쉽게 얻어서 소중함을 모릅니다. 이 일이 얼마나 어렵기에 하늘땅이 생긴 이후 몇 천억 겁 곱하기 몇 천억 겁을 몇천억 번을 반복해도 다 헤아릴 수 없는 오랜 세월 동안 이 몸에 이르르기까지 몰랐겠습니까. 그래서 지옥, 아귀, 축생, 아수라, 인간, 천상 등 육도(六道)를 빙빙 돌며 갖은 고통 다 받으면서 지금 이 몸에까지 이르렀겠습니까?

그러다가 나와 인연이 있어서 금생에 그 문제를 해결한 것입니다.

보십시오. 본연님들을 빼놓고 서울, 경기도 인구가 2천만이 넘는데, 2천만 인구 하나 하나를 차례대로 짚어가면서 그 자리 아는 사람을 한번 찾아보십시오. 아마 굉장히 어려울 것입니다.

그 사람들에게 오늘 저녁의 이러한 얘기들을 하면 어떻겠습니까? 엊저녁 꿈중의 사람과 똑같아서 단 한 마디도 수용하지 못할 것입니다.

생각해보십시오. 그 사람들 중 한 명이 이 자리에 와 있는데 "당신 오면서 뭘 보았소?" 하고 물어서, 오는 과정에서 이렇게 저렇게 아무아무 데를 지나서 내촌에 내려서 들어왔다고 대답할 적에, 처음부터 끝까지 그 사람이 한 말을 다 부정하면서 당신은 단 한 가지도 본 것이 없다고 이야기했다고 합시다.

'아, 여기는 올 곳이 못되는구나. 이 사람은 틀림없이 미친 사람이다.' 그렇게 생각할 것입니다.

그런데 사실 그 사람은 단 한 가지도 본 바가 없습니다. 엊저녁 꿈속의 사람과 똑같습니다.

그래서 이것은 증득해 깨달아서 "그래 이것이야." 하고 결정신(決定信)을 내린 사람만이, 그래서 다시는 의심하지 않는 사람이 알 수 있지 나머지 사람은 알 수가 없다는 얘깁니다.

다른 사람들은 알 만큼 아니까 오늘 새로 공부된 분이 대답해 보십시오.

오늘 이 자리에 오기까지는 보고 들었지만 보고 듣는 놈을 알지 못했습니다. 그런데 그 모른다는 생각, 어디에 버렸습니까?

버리기는 어디에 버립니까. 그럼에도 모른다는 생각 흔적도 없이 사라지지 않았습니까? ("예")

그 자리 터득해놓고 보니 어디서 찾아온 것입니까, 찾아온 것이 아닙니까? ("찾아온 것이 아닙니다.")

백짓장 하나라도 들어내고 보았습니까, 백짓장 하나도 들어낸 것 없이 보았습니까? 백짓장 하나도 들어낸 것 없이 보았지 않습니까? ("예")

그렇습니다. 가려진 적 없어서 새삼스럽게 찾은 것도 아니니 본래 나 자체였더란 말입니다. 그러니 무엇을 얻었다고 하겠습니까? 그러나 분명히 까맣게 몰랐던 이 자리 분명하지 않습니까?

이러해서 버림 없이 버리고 얻음 없이 얻었다고 한 것입니다.

그런데 오늘 새로 공부된 분이 친구들한테 한번 "나는 버린 바 없이 버렸고, 얻은 바 없이 얻었다."라고 말해보십시오.

"저 사람이 어디를 갔다 오더니 하루 사이에 미쳐버렸다."라고 할 것입니다. 미친 사람이 미쳤다고 합니다.

대답해 보십시오.

버린 바 없이 버렸지요?

모른다는 생각, 버린 바 없이 버려졌지 않습니까.

얻은 바 없이 얻었지요?

그 자리에 사무치고 보니까 얻은 바 없이 얻었지 않습니까. 본래 나 자체더란 말입니다.

세상 사람한테는 그것이 되지 않는 말입니다. 버린 것이 없으면 애당초 버린 것이 없지. 어떻게 버린 바 없이 버렸다는 말이 있을 수 있느냐고 할 것입니다. 또 얻으면 얻었지 얻은 바 없이 얻었다? 괴상한 말을 즐겨한다고 할 거란 말입니다.

그런데 이 말은 이 삼천대천세계가 몇 천 번 변괴를 거듭하여 다른 말이 다 변해 없어져버리더라도 변하여 없어지지 않습니다. 그러한 진실이건만 세상 사람들은 그런 말을 하면 미친 사람이라고 합니다.

그 자리를 발견해놓고 보니까 어떻습니까?

(스탠드를 끄다)

이렇게 어두운 밤 말입니다.

(스탠드를 켜다)

일시에 불을 탁 켜 보십시오.

어둠 그 자체가 밝음이 되었습니다.

또 이 방에 일시에 불이 탁 꺼졌다고 가정을 해보십시오.

밝음 그 자체가 어둠이 되어버렸습니다.

어둠을 몰아내고 밝음이 차지한 것도 아니고, 밝음을 몰아내고 어둠이 차지한 것도 아닙니다. 참 이것이 불가사의한 것입니다.

여러분들, 평상시엔 불이 꺼지면 어둡다, 불이 켜지면 밝다, 거기에서 생각이 그쳤지요? 불 하나 켜지고 꺼지는 가운데서도 우주의 원리를 다 들여다볼 수 있는 것입니다. 아주 핵심적이고 근본적인 이치를 명료하게 설명하고 있습니다.

밝음을 몰아내고 어둠이 온 것도 아니고, 어둠을 몰아내고 밝음이 들어온 것도 아닙니다. 어둠 자체가 밝음이요, 밝음 자체가 어둠입니다. 그래서 아무 것도 바뀌어진 것이 없습니다. 바뀌어진 것 없이 밝고 바뀌어진 것 없이 어두웠습니다.

그래서 불보살님네들이 중생들을 볼 때 기가 막히는 것입니다. 본래 모두 불생불멸일 뿐만 아니라 만덕을 구족해서 화장세계(華藏世界)를 누리면서 지옥이라고 그러니 기가 막힐 일입니다.

엊저녁 꿈속에 제가 물을 만들어놓고 제가 만든 그 바닷물에 빠져서 허우적거리면서 죽는다고 합니다. 그 불이 있는 것이 아닌데 화재에 타서 죽으면서 갖은 고통을 다 받는단 말입니다.

타는 집이 어디 있습니까? 집이 타고 제가 불기운으로 타 죽을 일은 무엇이냔 말입니다. 제 몸 태울 불도 없고, 그 불에 의해 태워질 몸도 없습니다.

그런데 그렇게 분명히 갖은 고통을 다 받고 있지 않습니까? 이 세상 사람들이 다 그런 것입니다.

내가 꿈속에 가서 같이 밥을 먹으니까 똑같이 밥을 먹는다고 합니다. 똑같습니까? 똑같이 먹는 것 같이 보이는데 어떻습니까? 같습니까, 다릅니까?

그렇습니다. 그래서 이러한 이치들은 깨달아 증득한 지혜인만이 알 수 있지 나머지 사람들은 알 수가 없다고 말한 것입니다.

토끼뿔

허공처럼 텅 비어 이러-한 자리에서
보석의 일곱 가지 빛깔처럼 지어냄은
깨달은 분 아니면 누구라도 모르네

(주장자를 들었다 던지다)

# 법 성 게 3

참 성품이 심히 깊고 극히 미묘해
그 자성을 지키잖고 연 따라 이뤄


眞性甚深極微妙
不守自性隨緣成

대원선사 법문

정말로 참 심심미묘합니다. 나는 생각나는 것이 있으면 즉시 어디에든 써 놓는데, 하루는 옥편을 보니까 연유론(緣由論)이라는 것이 씌어져 있었습니다.

연유론의 주된 내용은 '참 성품이 심히 깊고 극히 미묘해 아귀도, 수라도, 축생도 되고, 육도를 그렇게 지어서 극락과 지옥도 짓는 것이다.'라는 것입니다.

앞으로 하는 얘기를 잘 들어두면 중생이 어떤 연유로 생겼는가 또 삼천대천세계가 어떠한 연기(緣起)로 생겼는가를 대강 알수가 있습니다. 이것을 알면 우주과학도 알 수 있는 것입니다.

여여(如如)한 진여(眞如)가 체(體)가 된다고 할 때 여여하다의 '같을 여'자를 '이러-하다'라고 번역하는데 '이러-'가 무엇입니까? 사무쳐서 심외무물인 가없는 체성 자리를 말한 것이지요?

그 여여한 진여의 체에 본유(本有)한 각성이 지혜의 무량한 공덕을 머금고 있습니다. 잘 들어보십시오. 어떻게 해서 중생이 나오고 세계가 나온 것인지.

본체가 무량한 공덕을 머금고 있어서 그 본유한 능력에 의해 광명을 발하고 그 광명이 강해지는 데서 집착이 있게 된 것입니다.

여러분들이 안팎 없는 체성에 아주 밀밀하고 정교하게 사무쳐 있노라면 광명 자체일 때가 있습니다. 근본체성은 형색이 없어서 밝기는 밝되 햇빛처럼 밝은 것도 아니고 등불처럼 밝은 것도 아닙니다. 다만 근원지혜 자체로서 밝다 할 뿐이어서 어떤 색이라고도 이름지을 수 없습니다.

그런데 거기에서 아주 청명한 가을하늘 같은 빛이나 황금빛 광명, 또는 찬란한 은빛 광명과 같은 것을 볼 수가 있습니다.

어째서 그런 것이 나타나느냐 하면 곧 여여한 체에 본유한 그 각성이 지혜의 무량한 공덕을 머금고 있기 때문입니다.

광명을 발하여 그 광명이 강해지는 데에서 집착이 있게 됩니다.

여러분이 그러한 광명 자체일 때에 생각을 일으키기 이전에 "그 경지 참 좋다." 하는 것이 이미 있지 않습니까? 그것은 생각하기 이전의 생각입니다.

될 수 있으면 그 경지를 오래 붙들고 유지하려고 하지 않습니까? 편안하고 좋으면서 아주 찬란하고 아름다우니까.

그것이 집착입니다. 그 집착에 의하여 상이 이루어집니다.

광명이 강해짐으로 해서 집착이 되고 집착함으로써 상이 되는 것입니다.

그래서 대상이 됩니다. 원래 대상일 수 없어서 자성의 능력일 뿐인데 능소(能所)로 벌어져버리는 것입니다.

거기에서 탐착이 생기게 됩니다. "이것을 끝까지 붙들고 내 경지로 아주 영원하게 해야겠다." 이런 탐착이 생겨서 취함이 있게 되고, 그것을 취하려고 하는데 딴 경지가 나타나면 이것은 아니라는 버림이 또한 생깁니다.

이렇게 취하고 버림으로 해서 버리려는 것은 싫어하고 취하려는 것은 좋아하게 되면서 인과가 생기고, 그 인과로 인하여 속박과 윤회가 발생하여 끝없는 반복에 의해서 육도윤회가 전개된 것입니다.

오늘 저녁에 간단히 설명했습니다마는 이것을 아주 면밀하게 들여다볼 줄 알면 우주 생성원리를 다 알게 됩니다.

이와 같이 참 성품은 심히 깊고 극히 미묘합니다.

능소를 짓게 되는 그것도 능력입니다. 지을 능력이 없으면 능소를 짓지 못합니다.

그래서 중생에 떨어져 육도윤회를 한다지만 본래 그것마저도 체성의 능력입니다.

이렇게 상상할 수 없이 무궁무진 자유자재한 것입니다.

토끼뿔

허공이 구름, 뇌성 빚어내듯
연 따라 이뤄내는 그 무궁함
모두가 자성의 전능일세


(죽비를 세웠다 가로 눕히다)

# 법 성 게 4

하나 속에 여럿 들고 여럿 든 하나
하나이자 여럿이고 여럿인 하나


一中一切多中一
一卽一切多卽一

대원선사 법문

'하나 속에 여럿 들고 여럿 든 하나'라.

이것을 잘 알아야 됩니다. 한 성품 속에 천백억 생각, 천백억 생각의 천만억 곱절의 생각들이 다 일어납니다. 모두 한 성품에 머금어져 있는 것입니다.

화엄경에 모든 법은 자성이 없다고 한 것도 우리가 일으키는 한 생각, 한 생각이 성품이 따로 있는 것이 아니라는 뜻을 가지고 있다고 언젠가 법문한 적이 있습니다.

한 성품에 머금어진 천백억 생각이 곧 천백억 화신(化身)입니다. 그것이 '하나 속에 여럿 들고 여럿 든 하나'라고 한 도리입니다.

그렇다면 '하나이자 여럿이고 여럿인 하나'라고 한 도리는 어떤 것입니까?

각자의 자성은 가없이 넓고 넓어 변만합니다. 각자가 그런 자성을 모두 지녔으면서도 수십 개의 불빛이 서로 가애함이 없이, 즉 걸리고 방해함이 없이 이 방 안을 밝히고 있듯이, 우리 자성도 서로 걸리고 장애함이 없이 자유자재합니다. 이것이 '하나이 자 여럿이고 여럿인 하나'라고 한 도리입니다.

예를 들어 이야기하자면 다음과 같습니다.

원형의 거울구슬이 있다고 가정합시다. 원형의 거울구슬 수천 만억 개를 저 야마천에 가서 대명천지 밝은 날, 이 가없는 세계 에다 확 뿌려버렸다고 생각해보십시오. 그러면 어떻겠습니까?

원형의 거울구슬이니까 한 구슬이 수천만억 개의 구슬에 다 들이 비치겠지요? 또한 그 많은 구슬들이 하나 속에 들어와서 비치겠지요? 하나 속에 들어와서 비친 것들이 또 다른 구슬에 가서 비치겠지요? 그렇게 비친 것이 다시 이쪽에 와서 비치겠 지요? 이러한 것을 중중무진(重重無盡)하다고 합니다.

우리는 이렇게 중중무진한 세계에 살고 있습니다. 이 방의 몇 십 명이 가없는 성품으로 있건만 하나도 걸림 없이 자재합니다. 자재하면서 자리를 따로 하고 있지 않습니다. 이것이 중중무진 이요, '하나이자 여럿이고 여럿인 하나'라고 한 이치입니다.

이것을 잘못 알아 불성은 하나라고 하는 것입니다.

불성이 하나라면 그 전의 부처님은 다 그만두고 역사적인 인 물인 석가모니 부처님 한 분이 견성성불했으니, 우리 모두는 화 신이어야 합니다. 불성이 하나라면 석가모니 부처님이 성불하 셨을 때 우리도 성불하여 마쳤을 것이기 때문입니다.

그런데 성불이란 다겁생래에 익혀왔던 모든 업들을 말끔히 다

씻어서 씻을 것이 남아있지 않은 자리이므로 성불한 데서 나툰 몸은 화장세계를 누리는 화신이어야 한다는 말입니다.

화장세계를 누리는 화신이라면 고통이란 것이 있을 수 없습니다. 생사는 말할 것도 없고 더군다나 견성법이나 인가법 같은 것은 있을래야 있을 수 없습니다. 소위 도인이라고 불리는 분들 중에서도 불성이 하나라는 견해에 빠져있는 분이 있으니, 불성이 하나라면 누가 누구에게 인가했으며 누가 누구에게 인가받았다는 것입니까.

그럼에도 불성이 하나라고 어리석은 주장을 하는 이들은 '하나 속에 여럿 들고 여럿 든 하나, 하나이자 여럿이고 여럿인 하나'라는 이런 대목을 잘못 알아서 그렇습니다.

토끼뿔


노랑나비 꽃 위에서 춤을 추고
암탉은 병아리와 외출인데
강아지 신기한 양 따르누나


(눈을 감고 앉아있다가
말없이 서 있다가
소매를 떨치고 방으로 가다)

# 법 성 게 5

한 티끌이 시방세계 삼키었나니
티끌티끌 티끌마다 또한 그렇네


一微塵中含十方
一切塵中亦如是

대원선사 법문

내가 아까 원형의 거울구슬 얘기를 했듯이 한 티끌이 시방세계를 다 머금고, 한 생각이 시방세계를 다 머금어, 일체의 티끌 티끌마다 또한 그렇습니다.

티끌은 그만두고 여기 앉은 한 분 한 분마다 그렇습니다. 나의 가없는 성품에 모든 분의 가없는 성품이 상즉해 있고, 모든 분의 가없는 성품에 나의 가없는 성품이 상즉해 있으며, 또한 모든 분의 가없는 성품에 모든 분의 가없는 성품이 상즉해 있습니다.

마치 수십 개의 등불빛이 하나하나 가릴 수 없이 어우러져서 여기 이 방을 밝히고 있으면서도, 각각의 불빛마다 제 구실을 하듯이, 그러면서도 걸리지 않듯이 말입니다.

만약에 각각 제 구실을 못하고 있다면 불을 하나 끌 때 하나 끈 만큼 어두워지지 않아야 하고, 하나 더 켤 때 하나 더 켠 만큼 밝아지지 않아야 합니다.

그렇습니다. 그래서 한 티끌이 시방세계를 머금었고 일체 티끝이 또한 그렇다고 하는 것입니다. 바로 이렇게 불가사의합니다. 정말로 깨달아서 증득한 지혜가 아니고서는 알 수가 없습니다.

더구나 등불은 매달린 곳이라도 있고 또 그곳이 각각 다르지만, 우리 자성은 처소마저도 따로 없이 그렇게 각각이면서 자유자재해서 가애함이 없고, 각각 자유자재해서 가애함이 없되 또한 그렇게 처소마저도 따로 없습니다.

우리는 이러한 진리 속에 살고 있습니다. 그래서 한 티끌에서도 이 우주의 모든 이치를 다 발견할 수 있는 것입니다.

토끼뿔

가섭은 아난을 불렀고
마조는 수로를 밟았으며
조주는 잣나무라 일렀네

# 법 성 게 6

한량없는 오랜 겁이 한 생각이며
한 생각인 이대로가 오랜 겁이라


無量遠劫卽一念
一念卽是無量劫

대원선사 법문

헤아릴 수 없는 원겁이 한 생각에 즉해서 무량한 원겁이 곧 한 생각이며 한 생각이 즉시 무량겁입니다. 이 말을 다시 뒤집어 말하면 시간도 공간도 없는 데서 시간·공간을 보고, 시간·공간을 보지만 시간·공간이 없다는 말입니다.

시간이란 것이 묘한 것입니다. 세상사람들도 살기 좀 고단한 사람은 하루 사는 것이 지긋지긋하다고 그런다는데 하루살이가 그렇답니다. 하루 살기가 아주 지루하답니다.

어제도 얘기했지만 한 5분 동안 낮잠을 즐기는 사이에 세계일주한 꿈을 꾸었다고 합시다. 평상시의 시간의 흐름 그대로 털끝만치도 틀리지 않게 세계를 일주하고 왔는데 깨어보니 5분 낮잠을 즐기는 동안에 그렇게 다녀왔더란 말입니다.

한 몸에서 업만 조금 바꿔놓아도 시간과 공간이란 것이 그렇게 달라집니다. 그러면 꿈속에서 세계일주한 몇 달간의 시간을 옳다 해야 하겠습니까, 낮에 잠깐 낮잠을 즐긴 5분의 시간을 옳다 해야 하겠습니까?

꿈 법문이 무궁무진한 법문이라고 그랬습니다. 꿈 하나 제대로 알아버리면 법문할 것도 없고, 배우려 할 것도 없다고 말입니다.

꿈을 잠재의식이라고 하는데 잠재의식이라고 하지 말고 한 생각이라고 해둡시다. 그런데 그 한 생각은 바늘끝 하나 세울 자리도 차지하고 있지 않지 않습니까? 바늘끝 하나 세울 자리도 차지하고 있지 않은데 그 속에 무슨 시간·공간이 있겠습니까? 시간·공간이 도저히 있을 수 없는데, 거기에 그렇게 넓은 세계를 건립해놓고 우리가 활개치고 다니지 않았습니까?

이처럼 시간과 공간이란 다만 중생들 각각의 업에 의해 서로 달리 전개된 것일 뿐 실로 있는 것이 아닙니다.

꿈꾸는 사람들이 그것을 제대로 알면 '한량 없는 오랜 겁이 한 생각이며, 한 생각인 이대로가 오랜 겁이라' 한 도리가 그대로 드러납니다. 사람이 이 세상에 떨어져서 이것이 전부인 양 사니까 그렇지 우주라는 것이 도대체 어떻게 생긴 것인가 생각을 해보십시오.

'세월을 북채로 세상을 북삼아'라는 내 시집에 보면 우주라는 시가 있지요? 그 시가 실은 여섯살 먹어서부터 생각한 내용입니다.

그 후 아홉살인 초등학교 2학년 때 학교를 가다가 땅을 보고 생각했습니다. 내 몸뚱이는 땅이 받치고 있는데, 땅은 무엇이 이렇게 받쳐주어서 지탱을 할까? 그래서 생각해보니 땅도 무엇이 받쳐주어야 지탱을 하지 받치지 않고는 지탱할 수가 없더란 말입니다. 그래서 그놈을 받치고 있는 것을 생각해보니까 그놈도 또 받쳐야겠더란 말입니다. 그놈도 또 받치고, 또 받치고 그렇게 생각하다가 끝내는 밖이 없는 경지에 사무쳐버렸습니다.

당시에는 학교에 가다가 그 생각에 사무쳐버려서 그냥 그 생각을 일으킨 그 자리에 하루종일 서 있느라 학교를 결석한 날이 많았습니다.

우주는 밖이 없습니다. 밖이 없으면 안도 있을 수 없습니다. 안팎이 없으면 공간이 없고, 공간이 없으면 시간은 존립할 수 없는 것입니다. '한량 없는 오랜 겁이 한 생각이며, 한 생각인 이대로가 오랜 겁이라'라고 한 말이 바로 그런 말입니다.

토끼뿔

하늘의 보름달은 항상 붉고
히말라야 산정은 사철 희며
태평양은 언제나 푸르니라

# 법 성 게 7

아홉 세상 열 세상이 하나이오나
따로따로 섞임 없이 이룸 묘하네

九世十世互相卽
仍不雜亂隔別成

대원선사 법문

　과거의 과거·현재·미래, 현재의 과거·현재·미래, 미래의
과거·현재·미래 이렇게 끊임없이 과거·현재·미래가 존재합
니다. 그것을 과거 삼세, 현재 삼세, 미래 삼세라고 합니다. 그
구세에 자신을 합하여 십세라고 합니다. 그런데 한 생각이 무량
겁이고 무량겁이 한 생각이라고 할진대 과거 삼세, 현재 삼세,
미래 삼세 더불어 나까지 십세가 서로서로 상즉해 있다고 할
것입니다.

　공부를 아주 많이 해서 지식이 있는 사람들도 상즉이라는 말
을 정의내리지 못합니다. 위에서 '일중일체다중일(一中一切多中
一)'은 둘 아닌데 많은 것이 있고 많은 것이 그대로 하나인 그
자체를 이야기한 것이라고 했습니다.

　그리고 '일즉일체다즉일(一卽一切多卽一)'이라는 것은 둘이자
하나이고 하나이자 둘인 것이라고 했습니다. 그러면 일즉(一卽)
이라 할 때 어떤 것을 즉(卽)이라고 하느냐. 지금 이 방 안에 수
십 등이 켜져 있죠? 그렇지만 불빛과 불빛들이 서로 가애함이

없이 전부 변만해 있습니다.

마치 하나처럼 되어 있지만 분명히 하나 끄면 하나 끈 만큼 어두워지고, 하나 켜면 하나 켠 만큼 밝아지지요? 그것을 즉이라고 합니다.

과거, 현재, 미래가 서로 즉해서 하나이지만 역시 과거 삼세는 과거 삼세고, 현재 삼세는 현재 삼세고, 미래 삼세는 미래 삼세이기 때문에 밑에 즉자가 있는 것입니다.

체성의 본분도리에 있어서는 도대체 과거, 현재, 미래라는 이름조차 설 수 없지 않습니까? 그러나 거기에서 육도가 전개되고 삼천대천세계가 이렇게 널린 가운데 얘기할 때는 분명히 과거는 과거, 현재는 현재, 미래는 미래이고, 과거 삼세는 과거 삼세이고, 현재 삼세는 현재 삼세이고, 미래 삼세는 미래 삼세란 말입니다.

이렇게 과거 삼세, 현재 삼세, 미래 삼세가 서로서로 즉해 있습니다. 이 방에 있는 수십의 등불빛처럼 하나인 양 즉해 있다는 말입니다. 즉해서 따로따로 섞임 없이 이룸이 묘한 것입니다.

도저히 과거, 현재, 미래가 있을 수 없는 데에서 과거 삼세는 과거 삼세대로 현재 삼세는 현재 삼세대로 미래 삼세는 미래 삼세대로 분명하게 이렇게 이루어져 있으니 참으로 불가사의합니다.

토끼뿔

이러-해 시간 공간 없는 데서
마주해 주고받는 묘함이여
이것이 화장세계 일상일세

# 법성게 8

처음 마음 발할 때가 깨달음이니
나고 죽고 편한 열반 둘 아니어서


初發心時便正覺
生死涅槃相共和

대원선사 법문

이것을 잘 알아야 합니다. 어떤 것이 처음 마음입니까?

최초의 처음 마음이라는 것은 안팎 없는 놈이 안팎 없음을 아
는 그것입니다. 그 처음 마음은 형상화해서 밖으로 나오기 이전
의 처음 마음입니다.

삼라만상이 벌어지고 중생세계, 구류세계가 벌어진 데서 나온
처음 마음하고는 근본적으로 다른 것입니다.

그러니까 처음마음 발할 때 바로 그것이 깨달음이라고 한 것
입니다.

안팎 없는 놈이 안팎 없음을 아는 생각마저도 없을 때가 있습
니다. 그런 것은 바른 깨달음이 아닙니다. 안팎 없는 놈이 안팎
없음을 알 때 비로소 바른 깨달음입니다.

그놈을 망각하고 밖으로 치달릴 때 중생세계가 되고, 그놈을
망각하지 않아 여의지 않고 모든 것을 수용할 때 화장세계가
됩니다. 거기에 들어갈 것 같으면, 생사와 안연한 열반이 둘이
아닙니다.

토끼뿔

돌사내 봄동산서 춤을 추고
옥녀는 육자배기 노래하니
이 아니 좋을소냐, 좋고 좋네

# 법 성 계 9

이치·일도 이러-하여 분별 없도다
열 부처와 보현보살 대인경지라


理事冥然無分別
十佛普賢大人境

대원선사 법문

둘이 아니어서 이변이니 사변이니가 나뉘어질 수 없습니다.

어떤 경우에 이변과 사변이 나뉘어집니까? 어제 연유론에서 이야기했습니다. 여여한 진여의 본체가 지니고 있는 본유한 각성이 지혜의 무량한 공덕을 머금고 있어서, 거기에서 광명을 발하고, 그 광명이 강해지는 데에서 집착이 있게 되고, 집착에 의하여 환상이 있게 되었다고 그랬습니다.

가지가지 환상이 있게 되어, 그 가지가지 환상을 탐착하여 취하고 버리는 것이 있게 되고, 취하고 버림으로 해서 인과가 생기게 되고, 인과로 인해서 속박과 윤회가 발생하여, 그것이 반복되는 과정에서 육도윤회가 전개되었습니다.

우리가 멸진삼매(滅盡三昧)에 있다 보면, 때로는 가을 하늘과 같이 맑은 광명을 볼 수도 있고 자금색 광명도 볼 수 있고 은빛 광명도 볼 수 있는데, 연유론에서 얘기한 바와 같이 그것을 탐착해서 쫓을 때에 경계가 되어 버린다고 했습니다.

그렇게 능소가 벌어져 그것이 사변이 되었을 뿐, 본래 내 자성 밖의 것이 아닙니다. 그런데 자성 밖의 것으로 간주해서 그것을 탐착할 때 경계가 되고 그것으로 해서 사변이 된단 말입니다.

그러니까 알고 보면 이변과 사변이 둘일 수가 없습니다.

참 이것이 알기 어려운 것입니다. 여러분들이나 되고 또 이렇게 설명을 해주니까 "예." 소리가 나오지. 팔만대장경에 통달한 사람이라도 안팎 없는 경지, 곧 자기의 본 성품에 사무치지 못한 사람은 수용이 안 됩니다.

'이치ㆍ일도 이러-하여 분별 없도다' 한 마디로 해서 나뉘어지지 않는다는 말입니다.

열 부처라 한 것은 화엄경에 나오는 모든 부처님들을 얘기한 것입니다. 그 열 부처와 화엄경에서 말한 보현행원품의 보현보살이 다 대승의 경지라는 말입니다.

## 토끼뿔

이변과 사변이라 하는 것은
보석과 보석빛 같은 것
함 없는 함 지음이 그와 같네

# 법 성 게 10

부처님의 해인삼매 그 가운데서
사의 못 할 경계들을 뜻대로 내어


能仁海印三昧中
繁出如意不思議

대원선사 법문

모든 이치가 따로 있는 것이 아닙니다. 그런데 따로 없건만 지금 내가 그 모든 이치를 뜻대로 들추어내어 법문하고 있지 않습니까?
헤아릴 수 있겠습니까?

토끼뿔

안팎 없는 자체로 함을 지어
이러-히 화장세계 펼쳐놓고
한바탕 누림이 극락일세

# 법 성 게 11

보배비로 중생들을 이익케 하면
중생들은 그릇 따라 이익 얻도다

雨寶益生滿虛空
衆生隨器得利益

대원선사 법문

여기에서 보배비라고 했듯, 지금 이 법문이 바로 감로의 법문입니다. 왜 감로의 법문입니까? 이 법문을 들음으로 해서 또 이 법문을 깨달음으로 해서 열뇌(熱惱)인 중생의 고통을 여의게 되니까 그렇습니다. 그래서 그것을 비유컨대 마치 가뭄에 단비를 내려서 말라가는 수풀을 살리는 것 같다는 뜻에서 보배비라고 이른 것입니다.

이렇게 한량없이 보배비를 쏟아붓습니다. 그런데 어떻습니까? 접시를 내놓은 사람은 접시만큼 받아가고, 그릇을 내놓은 사람은 그릇만큼 받아가고, 항아리를 내놓은 사람은 항아리만큼 받아갑니다. 하루종일 내리는 비를 한 방울도 허실하지 않고 다 받아가는 사람도 있습니다.

이런 법문을 해도 그 법문을 듣는 사람이 어떠한 마음, 어떠한 신심에서 수용하느냐에 따라서 각기 얻어감이 그렇게 다르다는 이야기입니다.

부처님께서는 언제나 한결같이 법문을 설하셨습니다. 그런데 중생들은 각기 자기 그릇을 따라 얻어갔습니다. 그래서 똑같은 법문을 들었지만 소승사과인(小乘四果人)들은 대승의 도리를 닦지 못하고 소승사과를 증득한 자리에 안주해버린 것입니다.

우리가 대승의 도리를 닦는 큰 그릇을 이루려면 신(信)이 있어야 됩니다. 내가 돌아오는 열반재일에 대해서도 잠깐 얘기했지만 정말 부처님이 아니면 이 어마어마한 진리를 누구한테 듣겠습니까?

공부를 하면 할수록, 그래서 그 경지가 깊어지면 깊어질수록 고마운 분이 부처님입니다. 몸뚱이를 가루로 해서 연비공양을 해도 그 은혜를 갚을 수 없는 은인이십니다.

나는 여섯살부터 유아독존을 부르짖어 아홉살 때 우주와 하나가 된 경지에 들었습니다. 애당초 사무치기를 그러한 이치에서 사무쳤기 때문에 우주론에 있어서는 특별한 견해를 가지게 되었습니다. 그래서 우주론에 관한 한 과거 11대 선지식을 친견했지만 내 마음에 흡족한 말을 들어보지 못했습니다.

이렇게 이 생에 누구에게 배워서 알거나, 누가 가르쳐주어서 그러한 이치를 터득한 것이 아니지만, 부처님에 대한 절절한 감사함을 잊어본 적이 없습니다.

이 법성게가 화엄경을 요약해놓은 것입니다. 그런데 화엄경에서도 "신(信)은 모든 공덕의 어머니이며, 신이라야 반드시 부처의 경지에 이르르게 된다."라고 했습니다.

불교 뿐만 아니라 모든 종교가 지나치게 기복화되어 있어서 너무 거기에 얽매여 있으니까, 내가 한동안은 부처님께 정성껏 절만 하지 과일도 올리지 못하게 했습니다.

수레가 굴러가려면 양쪽 바퀴가 똑같아야 합니다. 한쪽 바퀴가 크고 한쪽 바퀴가 작으면 원을 그려 제자리걸음만 하게 됩니다. 기복화된 바퀴가 너무 커서 그것을 일시에 깎아버리려니까 그렇게 할 수밖에 없었습니다.

그래서 "기도도 하지 마라. 불공도 하지 마라. 그저 절 삼 배만 해라." 하면서 너무 지나치게 기복의 바퀴를 깎아내렸더니, 공부가 되고 이제 부처님 은혜를 알 만한데도 본연님들이 부처님 은혜를 잘 모릅니다.

성도재일이 되어도 '성도재일인가?' 초파일이 되어도 '초파일인가?' 합니다. 그런데 이제 그래서는 안 됩니다.

기복신앙이 너무 눈덩이처럼 커져 있기 때문에 그것을 부숴버리려고 그랬을 뿐이지 그야말로 신은 모든 공덕의 어머니입니다. 공덕이 없으면 극락의 낙을, 정토의 낙을 누리지 못합니다. 신이 없이는 부처의 경지에 이르르지 못합니다. 신이라야 반드시 부처의 경지에 이르르게 되는 것입니다.

우리는 안팎 없는 체성에 사무쳐서 참나를 깨달은 사람들이니 앞으로 해야 할 일이 무엇이겠습니까? 업을 다스려야 합니다. 업을 잘 다스리려면 어떻게 해야겠습니까? 부처님을 향한 신심이 간절해야 업을 잘 다스려갈 수 있습니다.

나는 여섯살 먹어서부터 유아독존을 외쳤지만 강원도 칠성산 법왕사에 있을 때, 그렇게 추운 데서도 찬물에 냉수마찰을 한 뒤라야 부처님 앞에 다기물을 떠올렸습니다.

그때, 100일 잠 안 자는 용맹정진 중에 얼음 위에 앉아있었던 것이 원인이 되어 목을 앞으로도 뒤로도 못하는 중병에 걸려 병을 낫게 하려고 100일 기도를 하던 중이었습니다.

목이 끊어질 듯 아픈 대목이 수십 번 넘어가 거의 기절할 정도인데도 매일 그것을 견디며 목욕을 했습니다.

목욕을 하고 다기물을 떠서 올리고 금강경오가해설의(金剛經五家解說誼)의 함허선사 송을 써서 불단에 놓고 기도했습니다.


'한 물건이 있으니

이름과 모양이 다 끊어졌으되 옛과 이제를 꿰었고

한 티끌에 있으되 온 누리를 삼켜버렸다

안으로 뭇 묘함을 머금었고

밖으로는 뭇 사물과 일에 응하면서

하늘과 땅과 사람에 있어서 이것이 주인이고

일만가지 모든 법에 이것이 왕이로다

넓고 벽 없음이여 그 비할 것 없고

높고 끝 없음이여 그 짝할 것 없도다

신묘하지 않은가?

밝고 또렷이 허리를 구부리고 펴는 데 있고

은은히 보고 듣는 데 있으니

불가사의하지 않은가?

하늘과 땅보다 먼저여서 그 비롯함이 없고

하늘과 땅이 다 없어진 뒤에도 그 마침이 없으니

있다 할 것이냐, 없다 할 것이냐

나 모르겠다!'


'한 물건이 있으니 이름과 모양이 다 끊어졌으되 옛과 이제를 꿰었고'라고 한 것은 '한량 없는 오랜 겁이 한 생각이며, 한 생각인 이대로가 오랜 겁이라' 한 도리가 아닙니까?

'한 티끌에 있으되 온 누리를 삼켜버렸다.' 했으니, 이 거대한 우주에 비한다면 이 몸뚱이는 얼마나 작은 것입니까? 이렇게 작은 몸뚱이에 있되 우주를 삼켜버렸다는 말입니다.

원문의 육합(六合)이라는 것은 동서남북상하, 즉 우주를 말하는 것입니다. 십자 역시 그것을 표현한 것입니다.

여러분, 어떻습니까? 삼천대천세계를 흔적도 없이 삼켜버렸지요? 그런데 배에 감각도 없지요?

'안으로는 뭇 묘함을 머금었고'라고 했으니 모양도 없고 빛깔도 없건만 거기에서 가지가지 천백억 생각이 다 나옵니다. 그것이 묘한 것 아니냔 말입니다. 거기에서 인공위성도 만들어낸 것입니다. '밖으로는 뭇 사물과 일에 응하면서'라고 했으니, 모양도 없고 빛깔도 없는 것이 밖으로 뭇 기틀에 응해준단 말입니다.

'하늘과 땅과 사람에 있어서 이것이 주인이고
일만 가지 모든 법에 이것이 왕이로다
넓고 벽 없음이여 그 비할 것 없고
높고 끝 없음이여 그 짝할 것 없도다
신묘하지 않은가?
밝고 또렷이 허리를 구부리고 펴는 데 있고
은은히 보고 듣는 데 있으니
불가사의하지 않은가?
하늘과 땅보다 먼저여서 그 비롯함이 없고
하늘과 땅이 다 없어진 뒤에도 그 마침이 없으니
있다 할 것이냐, 없다 할 것이냐
나 모르겠다!'

아이고, 나도 모르겠다. (모두 웃음) 이것을 보니까 내가 아홉 살 때 체험했던 경지와 일치했습니다. 내가 체험하고도 말로 표현하지 못했던 우주의 이치를 다 표현해놨더란 말입니다.

그러니까 거기서 미쳐버렸습니다. 사뭇 그 법에 반하니까 사람이 한 때 그렇게 돌아버립니다. 그 글을 쓴 종이를 먹어버리려고 했는데 질겨서 목에 걸려 안 넘어갔습니다.

그래서 불을 살랐습니다. 그때는 부드럽고 얇은 종이가 없어 두꺼운 대학노트 종이에 써서 태웠습니다. 그러면 다 타고 나서도 그 재가 부숴지지 않고 빳빳하게 그대로 있습니다. 그것을 손으로 비벼 가루로 만들어서 다기물을 내려놓고 거기에 타가지고 먹었습니다.

그놈의 재가 넘어가다 목에 걸리면 사람 죽을 지경입니다. 재란 것이 상당히 빽빽한 것입니다. 한번 먹어보십시오. (모두 웃음)

좌우지간에 100일 기도하는 동안 매일 그렇게 먹을 작정이었습니다.

그런데 그렇게 재를 먹고 기도하기 50일 만이었습니다. 그때는 목을 실끝처럼 까딱하기만 해도 목이 탁 끊어져버리는 것 같아서 거의 죽을 지경이었습니다.

그래서 내가 저녁에 다만 조금이라도 쉬려고 하면, 화가 김홍로라는 이와 스님 한 분이 뒤에 반듯한 판자를 대서 눕혀주었습니다.

기도 후 방에 들어가서 두 분이 땅에 닿도록 나를 눕히는데, 눕히는 과정에서 불가사의한 일이 벌어졌습니다.

그때는 우리나라에 헬리콥터가 없었습니다. 그래서 그 후에야 그렇게 생긴 것이 헬리콥터라는 걸 알았는데, 하여튼 헬리콥터가 날아온 겁니다. 생전 보지도 못한 것인데 아주 투명했습니다. 속에는 기계가 들어 있지 않고 그냥 수정같이 투명하기만 했습니다.

그것이 날아와서 내 앞에 내리더니 거기에서 80살 정도로 보이는 노인이 내렸습니다. 연세만 그렇게 보이지 얼굴은 주름 하나 없이 곱디 곱고, 수염도 그림으로 그려도 그렇게 그릴 수 없이 멋지게 난 노인이었습니다. 하얀 옷에 하얀 수염이고, 주장자는 아주 새까만 것이었습니다.

그런데 그 주장자로 나에게 헬리콥터 속으로 들어가라고 하는 것입니다. 내가 교만했던지 안 들어가려고 버티니까, 두 말도 하지 않고 뒷목과 엉덩이를 잡고는 파리 하나 들듯이 해서 헬리콥터 속에 던져버리고 문을 탁 닫아버리는 것입니다. 꼼짝 못하고 갇혀버렸습니다.

거기 들어가서 보니까 와이셔츠 단추만한 것이 붙어있는데 역시 투명한 것이었습니다. 검정 주장자로 그것을 누르는데 지독한 전기고문을 그때 한번 당해봤습니다. 전기고문이 그런 것이더군요. 어떻게 말로 표현할 수 없는 그런 고문이었습니다.

견디다 견디다 못 견뎌서 비명을 지르며 일순간 벌떡 일어섰습니다. 그런데 그 순간에 병이 나아버렸습니다. 병원에서도 무슨 병인지 몰라서 고치지 못한 병이 감쪽같이 나아버렸습니다.

그 과정이 내게는 상당히 길게 느껴졌는데, 알고 보니 두 분이 나를 반쯤 눕히는 짧은 시간이었습니다. 그거 보십시오. 시간이라는 것이 이렇게 묘한 것입니다.

내가 자유롭게 목을 움직이자 두 분들이 깜짝 놀라서 목이 괜찮냐고 했습니다. 그이들이 나를 만져보니까 그때가 겨울인데 입고 있던 누더기가 쥐어 짜게 생겼더란 말입니다. 한순간에 물이 나와서 그 옷이 푹 젖어버렸습니다.

그런데 두 분들이 짜려고 해도 꼭 풀을 먹여놓은 것처럼 미끄러워서 그 옷을 못 짰습니다. 그러니까 몸에서 진액이 30초도 못 되는 사이에 다 나와버린 것입니다. 이렇게 해서 100일 용맹정진으로 해서 얻었던 목의 병이 나았습니다.

이런 불가사의한 일을 이 나이를 먹을 때까지 수십 가지 겪었습니다. 본연님들 중 더러 들은 분들은 알지만 참 불가사의한 일들이 많았습니다. 이런 것들이 다 신(信)에서 나온 것입니다.

아주 절실한 신이 아니면 부처님 마음을 감응시킬 수 없습니다. 지극한 신이 부처님 마음을 흔들 수 있는 그런 경지까지 들어가야 가피를 입는 것입니다.

그래서 부처님을 향하는 신심, 정말로 그 은혜에 감사하는 마음이 절실하면 업이 저절로 녹습니다. 그리고 모든 불법의 이치도 술술 들어옵니다.

본연님들은 모쪼록 글피 성도재일부터라도 그러한 신을 발하십시오. '신은 모든 공덕의 어머니이며, 신이라야 반드시 부처의 경지에 이르르게 된다.' 화엄경의 말씀입니다.

어쨌든 그러한 신을 발해서 금생에 자신의 의지에 의해서 열반할 수 있고, 또 다음 몸을 자신의 의지에 의해서 받을 수 있는 그러한 여러분들이 되기를 간절히 바랍니다.

토끼뿔

석존은 세 곳에서 보였고
조주는 잣나무라 일렀으며
대원은 코끝이 차다 했네

# 법 성 게 12

이런 고로 본분에서 누리려는 이
모든 망상 안 쉬고는 얻지 못하리

是故行者還本際
叵息妄想必不得

대원선사 법문

　원문의 본제(本際)라는 것은 중생으로 떨어지기 이전에 우리 자성이 지니고 있는 본래의 능력을 바로 베풀고 누릴 수 있는 본분도리를 얘기한 것입니다.

　여기는 '시고행자환본제'가 아니고 '시고행자영본제'여서 '돌아올 환'자가 아니고 '누릴 영'자로 번역되어야 합니다. 왜냐하면 이곳은 본제에 돌아간 데서 그치는 것이 아니고 본제에 돌아가서 누리는 경지라야 하기 때문입니다.

　이후에 바로 '연 없건만 지혜로운 방편을 써서 본집에서 분을 따라 만족케 하고'라고 한 구절만 보아도 이 부분이 '수행자가 본분도리에서 누리려면'이라고 번역되어야 한다는 것을 알 수 있습니다.

　'모든 망상 안 쉬고는 얻지 못하리'라고 했으니 이 망상이 어디에서부터 시작된 것입니까.

　본래에는 망상이 없었을 것인데 어떻게 망상이 생겼는가. 이것은 최초의 인연이 무엇이냐는 물음과도 같습니다.

"본래 어떻게 망상이 생겼습니까?" 하고 물으면 정말로 누구도 대답하기 어렵습니다. 여러분들, "어디에서부터 어떻게 망상이 생겼습니까?"라고 물으면 지금 대답할 수 있겠습니까?

위에서도 얘기했지만 내가 지은 연유론에서 진여본체의 각성이 본래 갖추고 있는 지혜의 무량한 공덕을 머금어서 광명을 발하고, 그 광명이 강렬해지는 데에서 집착이 있게 되었다고 했습니다.

각성이 지혜의 무량한 공덕을 머금어 광명을 발하고, 그 광명이 강렬해지는 데에서 그냥 누리면 됩니다. 누리면 그것이 대상 없는 화장세계의 낙입니다.

그런데 그 광명을 경계로 여기는 것이 최초의 무명입니다. 이 최초의 무명에 의해 환상으로 전개된 것입니다.

이것은 굉장히 어려운 부분입니다. 그래서 미세한 부분에 들어가야 알게 됩니다.

그로부터 갖은 망상이 생기게 되고 취하고 버리는 것이 생기고, 취하고 버림으로 해서 인과가 생기고, 인과가 생김으로 해서 좋고 나쁜 것이 생깁니다. 좋은 인연은 취하려고 하고, 나쁜 인연은 버리려고 하다 보니, 그런 인연이 반복 또 반복되는 데에서 속박과 윤회가 벌어지게 되고, 그 속박과 윤회가 지속됨으로 해서 육도가 전개되었습니다. 그래서 삼천대천세계가 건립된 것입니다.

그러니까 삼천대천세계가 벌어진 과정 전부가 망상입니다. 중생이 생각하는 것은 단 한 가지도 망상 아닌 것이 없습니다. 엊저녁 꿈속의 것은 모두가 허망한 생각이어서 진실한 생각이 단 한 생각도 없지 않습니까? 전도된 생각은 전부가 망상입니다.

본분에서 누리려 한다면 모든 망상을 다 쉬지 않고는 안 된다는 말은 이와 같은 말입니다. 그러면 어떤 것이 망상을 전부 쉰 자리입니까?

여러분들이 사무친, 마음 이외에 다른 물건이 없는 경지에 들어가 다른 생각을 일으키지 않으면 그것이 바로 망상을 전부 쉰 자리입니다.

그렇다면 심외무물인 경지에 사무쳐 참나를 깨닫기만 하면, 수억만 겁 곱하기 수억만 겁을 몇 날 며칠을 해도 다 헤아릴 수 없는 세월 동안 반복해서 익히고 또 익혀온 망상이 단번에 모두 영원히 사라지겠습니까? 여러분들은 사무친 분들이니 모든 망상을 다 쉬어서 하나의 망상도 일으키지 않습니까?

그런 것이 아니라 먼저 깨달아서 깨달은 바탕 위에서 남은 업과 잘못된 생각들을 모두 닦아가고 있지 않습니까?

억겁에 익혀온 업을 어떻게 닦고 있습니까?

심외무물의 경지에 사무쳐 있으면 수수억 겁 지어온 망상이 절로 녹습니다. 그러므로 사무친 경지가 끊어짐이 없도록 노력하는 것으로 업을 닦고 있는 것입니다. 그 경지를 한시도 여의지 않은 가운데 모든 일상을 영위할 수 있을 때에야 비로소 모든 망상을 다 쉰 것입니다.

육조단경을 봤으면 아실 것입니다만, 육조 스님만 만나면 마주 앉아서 대화하는 가운데 모두 깨달아서 그 자리에서 인가를 받았습니다. 그리고 며칠 지나지 않아서 오도송을 짓고 전법게를 받은 이후에 육조 스님 가르침을 받아서 보림을 했습니다.

그런데 그런 위대한 육신보살인 육조 스님 앞에서 인가를 받고 3, 40년을 보림하고서도 아직 다 하지 못한 연고로 육조 스님께서 열반에 임해서 제자들에게 빨리 물으라고 하셨습니다.

"내가 열반에 들면 너희들이 물어 의심을 결탁할 곳이 없다. 너희들은 보통사람과 달라서 내가 열반한 후에는 각각 한 지방을 맡아서 교화할 스승이 될 사람들이니라. 그러므로 만에 하나라도 법을 잘못 설해서는 안 된다. 그러니 의심이 있거든 빨리 물어라."라고 말씀하시고 36대법(三十六對法)과 진가동정게(眞假動靜偈)를 설해주면서 "내가 열반한 후에는 이것을 의지해서 법문하고, 이것을 의지해서 남은 수행을 하라."라고 부탁하셨습니다.

돈오돈수(頓悟頓修)를 주창하신 육조 스님이 인가한 제자들에게 당신이 열반한 후에는 의심을 결탁해 줄 사람이 없으니, 의심이 있거든 물으라고 하시고, 36대법과 진가동정게를 주면서 이걸 의지해서 법문을 하고 나머지 수행을 하라 하셨으니 어찌

된 일입니까?

여기에서도 육조 스님이 말씀하시는 돈오돈수의 뜻이 명백하게 드러나 있습니다.

육조 스님이 말씀하시는 돈오돈수 역시 견성이 곧 성불이어서 닦을 것 없다는 말씀이 아니라 닦을 것이 없는 그 경지를 끊어짐이 없이 지어가 구경에 이르러야 한다는 말씀입니다.

그런데 어째서 돈수라고 했겠습니까?

사무쳐 깨닫고 보니 시공이 서지 않아 이러-히 시공을 초월한 경지에서 닦아가고, 닦아가는 가운데 이러-히 시공을 초월한 경지이니, 닦아도 닦음이 없는지라 돈수라고 한 것입니다.

그렇지 않고서는 단박이라는 뜻의 '돈(頓)'자 밑에 닦는다는 뜻의 '수(修)'자가 설 수 없습니다.

그런데 요새 한국 도인 스님들 중에 자신들은 지금 묘각지에 이르러서 닦을 것이 없다고 하는 분들이 많습니다. 또한 그러기 전에는 견성이 아니라고도 합니다.

육조단경을 그분들이 모두 읽었을 뿐만 아니라 때론 번역해서 출간까지 해놓고도 부분부분으로만 보고 제대로 전체적으로 보지 못했기 때문에 그런 말을 하는 것입니다. 만약 그분들의 말대로 견성이 곧 성불이어서 단박에 닦아 마친다는 뜻이라면 돈오면 그만이지 그 뒤에 돈수라는 말은 달 필요가 없는 것입니다.

우리는 육조 스님 회상에서 그러했듯이 바르게 돈오돈수하여, 즉 깨달은 후 철저히 보림하여 그야말로 망상을 다 쉬어야 하는 것입니다. 다 쉰 연후에는 어떻게 되겠습니까?

토끼뿔

어찌해야 망상을 쉬겠는가?
개울 건너 까치도 일러줌을…
이 사람은 엽차나 마시려네

# 법 성 게 13

연 없건만 지혜로운 방편을 써서
본집에서 분을 따라 만족케 하고

無緣善巧捉如意
歸家隨分得資糧

대원선사 법문

망상을 다 쉬게 되면 교화문전에 나올 수 있는 성자입니다. 여기서 인연이 없다는 말은 다른 말이 아닙니다. 세상 사람들은 남을 도와줄 때 다 조건이 있습니다.

부모자식지간에도 그렇습니다. "내가 이 자식을 유명한 대학을 보내서 가르쳐 내놓아야 말년이 괜찮겠다." 하는 식으로 전부 조건부입니다. 조건이 없는 것이 하나도 없습니다. 하다 못해 그것이 아니면 내 자식이기 때문에라는 조건이 붙습니다. 내 자식이 아니면 그렇게 애 터지게 가르치려고 하지 않습니다. 내 자식이기 때문에 가르치는 그게 조건입니다.

그렇듯이 백만사에 조건이 붙지 않는 것이 단 하나도 없습니다. 자식에게도 조건이 붙는데 부부지간이라고 해서 조건이 붙지 않겠습니까? 그래서 그 조건이 안 맞으면 서로 죽이고 살리고 합니다.

그러나 성인들은 인연이 없건만 지혜로운 방편을 쓰십니다. 아무런 조건 없이, 조건이라 하면 단 한 가지, 불쌍한 중생이 조건입니다. 성인들은 당신과는 관계가 없어서 당신을 위하는 어떤 조건도 없습니다. 다만 저 사람이 고(苦)를 모두 여의어서 살 수 있는데 저런 고를 받고 있으니 구제해야겠다는 그 생각뿐입니다.

'저 사람을 건져주면 나한테 어떻게 하겠다' 그런 조건이 안 붙습니다. 이렇게 조건 없는 마음으로 지혜로운 방편을 베풉니다.

지혜 없는 방편은 오히려 사람을 죽이는 것입니다. 요새 가짜 도인들이 그런 사람들입니다.

정전백수자(庭前柏樹子) 화두를 1미터 앞에다 두고 관하라고 하면 어떻게 됩니까? 팔만대장경과 논장, 율장을 다 뒤져도 그런 말은 없습니다. 그런데 그렇게 지도를 하고 있으니, 자기 눈만 멀게 하는 것이 아니라 남의 눈까지 멀게 하는 것입니다. 이래서 지혜로운 방편을 써야 된다고 하는 것입니다.

어떤 것이 지혜로운 방편입니까? 숭산 행원 스님이 내게 "만법이 하나로 돌아가는데 하나는 어느 곳으로 돌아가는고?"라고 법문을 물어와서 "코끝에 떨어진 눈이 차다."라고 답했습니다. 이런 것이 지혜로운 방편입니다.

'본집에서 분을 따라 만족케 하고'

심외무물인 경지에 사무쳐서 그것을 바탕으로 해서 억겁으로 익혀 오고 또 익혀온 누습들을 다 제거해 원상회복하여, 본래 자성의 능력을 다 연출해 쓸 수 있는 그런 경지에 들어가 그때 그때 분을 따라서 만족케 하면 이것이 대상 없는 낙(樂)입니다.

본집에서 분을 따라 만족케 한다니까 세상 사람들처럼 밖에서 무엇을 얻고 수용해서 얻은 낙이 아닙니다. 이 낙은 정말로 써도 써도 다함이 없는 영원불변한 낙입니다.

어제 도광 본연님하고 도원 본연님이 앉아 있을 때, 대상 없는 데서 혼자 편안히 앉아 있으니까 어떻습디까? 즐겁지요? 그런 세상이 좀 지속되었으면 좋겠지요? 그런데 그건 유가 아닙니다. 대상 없는 낙을 조금 맛보았는데 거기에서 그 몇 천억 곱 말할 수 없는 낙이 나옵니다. 그런 낙이 낙 중에 최고가는 낙인 극락입니다.

대상 있는 낙이라는 것은 반드시 즐기는 것 배 이상의 고로 다가옵니다. 경험자들은 잘 알 것입니다. 경험 없는 이들은 요새 어떻게라도 한 번 그 선을 넘어가보려고 애를 쓰면서, 그래도 내가 사모관대는 써 봐야 한다고 합니다. 여기에도 그런 사람들이 있습니다. (모두 웃음)

그것 한 번 쓰면 꼼짝 못 합니다. 참 그 백짓장 한 장 넘어가 보려고 몸부림을 합니다. 그러니까 할 수 없어서 "그래 가봐라." 그럽니다. 그러면 쓴 맛이 납니다.

누에가 입에서 실을 뽑아서 제 몸을 가두는 일은 유가 아닙니다. 그것은 제 스스로 번데기가 될 뿐, 다른 데서 침입하는 고

통은 없습니다. 그런데 이것은 온 사방천지 시방으로 모여드는 고라는 것이 막대합니다. 그래도 그것을 달게 받겠다는 것입니다.

그러한 대상 있는 낙을 다 초월해서 대상 없는 낙, 공덕화(功德華)인 낙을 정말로 한번 누려보면 대상 있는 낙도 바로 그런 낙, 곧 한산·습득이가 누리는 낙으로 화해버립니다.

토끼뿔

어떤 것이 인연 없는 방편인고?
낙조의 하늘구름 비단인데
만선한 남편 맞는 아낙일세

# 법 성 게 14

다라니의 다함없는 보배를 써서
온 법계인 참 궁전을 장엄을 하고


以陀羅尼無盡寶
莊嚴法界實寶殿

대원선사 법문

다라니는 지혜라고도 하고 삼매라고도 하는데 만상에 계합한, 만유의 실상에 계합한 법이라는 뜻을 가지고 있습니다.

'다라니의 다함없는 보배를 써서'라고 했는데 삼매로부터 일으켜 쓰는 지혜, 지혜를 베풀어 쓰지만 항상 삼매인 경지에서 연출해 내는 것을 다라니의 다함없는 보배라고 합니다.

온 법계인 참 궁전이라는 것은 무엇입니까? 우리가 심외무물인 경지에 들어가 보면 서두에서도 얘기했듯이 이 삼천대천세계가 심외무물인 동시에 온 법계입니다.

이러-해서 온 법계라는 것은 참 궁전의 다른 이름입니다. 참 궁전의 장엄이 없이는 온 법계라고 할 수가 없습니다.

심외무물인 가운데 만덕을 연출해 내놓은 것이 참 궁전의 장엄이며, 그런 것이 갖추어졌을 때 온 법계라 할 수 있는 것입니다.

토끼뿔

어떤 것이 참 궁전 장엄인고?
제비는 줄 위에서 노래하고
축음기의 영산곡 좋고 좋네

험!

# 법 성 게 15

본고향인 그 자리에 앉아서 보라
옛적부터 변함없는 부처이로세


窮坐實際中道床
舊來不動名爲佛

대원선사 법문

그곳이 본고향입니다. 그 자리에 사무쳐보라는 말입니다.

여러분들, 그 자리에 사무쳐보니까 어디에서 찾아온 것도 아니고 새삼스럽게 만든 것도 아니고 어디 고장난 데 고친 것도 아니지요? 본래 그렇게 원성(圓成)한 자리 아니더냐는 말입니다.

여러분들이 근본체성 자리에 사무쳐놓고 보니 그렇듯, 일체의 업 역시 닦아놓고 보면 닦은 것이 하나도 없습니다. 업이라 한 것이 그냥 그대로 지혜입니다.

내가 뭐라고 했습니까? 엊저녁 꿈속의 사람이 꿈인 줄 모르니까 환이지 꿈을 꿈인 줄 알고 꿈의 세계를 영위하면 환이 아니라고 하지 않았습니까? 전지전능한 능력에 의한 공덕화여서 그대로가 화장세계입니다.

꿈중에 꿈인 줄을 모르고 실상의 세계로 알아, 그것이 제 자성 밖의 것인 양 능소를 나눠놓고 보니까, 환이 되고 고가 되는 것입니다.

'본고향인 그 자리에 앉아서 보라. 옛적부터 변함없는 부처이로세.' 여기 옛적부터 부처라는 말은 아까 지혜덕상으로써 장엄을 한 것이 온 법계라고 했듯이 사무쳐 닦아 구경성불지에 이르르고 보니 없앤 것도 없어서 번뇌망상이라는 것이 보리, 지혜더라는 말입니다.

그래서 끝끝내 부처님은 팔만대장경을 49년 동안 입이 닳도록 설해놓으시고도 단 한 글자, 한 마디도 설한 적이 없다고 하셨습니다.

웬만한 성인이라 하더라도 당신이 그렇게 평생 고생해서 설한 것을 한 글자도 설한 것이 없다고 말하기는 어려운 것입니다. 그런데 당신이 49년 동안 그렇게 설했던 것을 한 자도 설한 적 없다고 해서 싹 쓸어버리셨습니다.

오늘 누가 질문하기를, 주변의 누군가가 공부를 얼마나 했는지 좀 알고 싶다고 묻는다기에 공부라 하는 공부는 그만두고 단 한 마디 한 획도 아는 것이 없다고 말하라고 했습니다.

그런데 그 말이 참말입니다. 우리가 이렇게 법문을 듣고 배우지만 나중에 정혜쌍수해서, 곧 정을 익히고 지혜를 배워서 쌍으로 닦아, 옛적부터 변함 없는 부처의 경지에 이르르면 단 한 마디도 배운 것이 없습니다. 단 한 가지도 이룬 것이 없습니다. 이렇게 되었을 때 비로소 참으로 이룬 것이며 참답게 불법을 깨달은 이라고 할 수 있는 것입니다.

옛날에 어떤 스님이 동산 스님에게 물었습니다. "삼신 가운데에서 어느 몸이 모든 숫자에 떨어지지 않는 것입니까?" 그런데 동산 스님이 "나는 항상 여기에 일치한다."라고 이르셨습니다.

'옛적부터 변함없는 부처이로세' 한 도리가 "삼신 가운데에서 어느 몸이 모든 숫자에 떨어지지 않는 것입니까?" 했을 때 "나는 항상 여기에 일치한다."라고 이른 도리입니다. 온통 이러-할 때에 비로소 옛적부터 변함 없는 부처인 것입니다.

그래서 또한 옛날 한 스님이 깨달아 다른 곳에서 모두 인가를 받고 마지막 남은 한 곳에 인가를 받으러 가서, "내가 이러저러하게 깨달았고 그래서 아무 데에 가서 이러저러하게 인가를 받았으니, 인가해 주십시오." 하니까 마땅히 인가해주셔야 할 스님께서 "자네 어쩌면 그렇게 올바르게 깨달았는가. 깨닫기도 올바르게 깨달았고, 증득하기도 올바르게 증득했네. 하지만 아닐세."라고 하셨습니다. '하지만 아닐세.' 그 말이 무슨 말입니까? 굉장히 무서운 말입니다.

'깨닫기도 옳게 깨달았고, 증득하기도 옳게 증득하고, 다른 데서 인가도 잘 받았다. 하지만 여기서는 인가를 안 한다.' 그러면 이 이가 잘못 깨달았다는 말입니까?

이렇게만 말해 두겠습니다. '옛적부터 변함없는 부처이로세.'

이제 더 이상 누설을 하면 안 되니까 그만해두겠습니다.

그래서 정말로 이 자리에 모인 여러 본연님들은 복인들입니다. 어떠한 자가 물을 마심에 차고 더움은 그 샘물을 마셔본 이라야만이, 진실로 얼마만큼 시원하고 맛있는지 안다고 했습니다.

그러니 그 경지에 들어 이런 법문을 듣고 고개를 끄덕여 긍정하는 본연님들을 어찌 복인이라 아니 할 수 있겠습니까.

또한 우리 본연님들이 그 경지에 들어서 이런 말들을 어느 정도까지 수용하고 있지만 나중에 '옛적부터 변함없는 부처이로세'라고 법성게를 지어 마친 그 분의 경지에 들어가게 되면 지금 누리는 것과는 또한 자못 다릅니다.

그래서 "깨닫기도 옳게 깨달았고, 증득하기도 옳게 증득해서, 인가도 옳게 받았네. 하지만 아닐세." 하는 말을 알아듣게 되면 활개치는 학춤이 나올 것입니다.

그러한 여러분들이 되기를 간절히 바라면서 이번 수련회 법문을 여기에서 접겠습니다.

토끼뿔

하 · 하 · 하 이런 말이 어찌 있노
돌사내의 대금소리 멋스럽고
옥녀의 추는 춤은 선녀일세

# 21세기에
# 인류가 해야 할 일

# 21세기에 인류가 해야 할 일

이 사람은 1962년 26세 때부터 21세기에 인류에게 닥칠 공해문제, 에너지문제를 예견하고 대체에너지(무한원동기, 태양력, 파력, 풍력 등) 개발과 '울 안의 농법'을 연구하고 그 필요성을 많은 이들에게 이야기해 왔습니다.

당시에는 너무 시대를 앞서가는 이야기여서인지 일반인들이 수용하지 못하고 오히려 불신의 눈으로 바라보며 이 사람의 법마저 의심하였습니다. 하지만 현대에 있어서는 이것이 인류가 해결해야 할 가장 절박한 사안이 되어 있습니다.

'사막화방지국제연대(IUPD)'[1]를 설립한 것도 현재 인류가 해결해야 할 가장 절박한 지구환경문제를 이슈화시키고 그 해결책을 제시하여 재앙에 직면한 지구촌을 살리기 위해서입니다.

'사막화방지국제연대'에서 추진하고 있는 사막화 방지, 지구 초원화, 대체에너지 개발은 온 인류가 발 벗고 나서서 해야 할

---

1) International Union to Prevent Desertification (IUPD).

일입니다.

첫 번째 사막화 방지에 있어서 기존에 해왔던 '나무심기 사업'은 천문학적인 예산과 많은 인력을 동원하고도 극도로 황폐한 사막화된 환경을 되살리는 데 실패하였습니다.

그래서 이 사람은 사막화 방지에 있어서는 '사막 해수로 사업'을 새로운 방안으로 제시하였습니다.

사막 해수로 사업은 사막화된 지역에 수도관을 매설하여 바닷물을 끌어들여서 염분에 강한 식물을 중심으로 자연생태계를 복원하는 사업입니다.

이것은 나무심기 사업으로 심은 나무들이 절대적으로 물이 부족하여 생존할 수 없었던 문제를 해결할 수 있는, 현재로서는 유일한 해결책입니다.

그러나 '사막화방지국제연대'의 목적은 사막이 확장되는 것을 방지하자는 것이지 사막 전체를 완전히 없애자는 것은 아닙니다. 인체에서 심장이 모든 피를 전신의 구석구석까지 골고루 보내어 살아서 활동하게 하듯이 사막은 오히려 지구의 심장 역할을 하는 중요한 곳이기 때문입니다.

그래서 21세기에 있어서는 다만 사막의 확장을 방지할 뿐 아니라 사막을 어떻게 운용하느냐를 연구해야 합니다.

사막에 바둑판처럼 사방이 막힌 플륨관 수로를 설치하여 동, 서, 남, 북 어느 방향의 수로를 얼마만큼 채우느냐 비우느냐에 따라, 사막으로부터 사방 어느 방향으로든 거리까지 조절하여,

원하는 지역에 비를 내리게 하고 그치게 할 수 있습니다. 철저히 과학적인 데이터에 의해 이렇게 사막을 운용함으로써 21세기의 지구를 풍요로운 낙원시대로 만들어가야 합니다.

두 번째로 지구를 초원화할 수 있는 방안으로서 3년간의 실험을 통해, 광활한 황무지 지역을 큰 비용을 들이거나 많은 인력을 동원하지 않고도 짧은 시간 내에 초지로 바꿀 수 있는 식물을 찾아냈습니다.

그것은 바로 '돌나물'입니다. 돌나물은 따로 종자를 심을 필요가 없이 헬리콥터나 비행기로 살포해도 생존, 번식할 수 있으며, 추위와 더위, 황폐한 땅에서도 살아남을 수 있는 생명력과 번식력이 강한 식물입니다.

지구환경을 되살리는 초지조성 사업에 있어서 이것이 큰 도움이 되리라 생각합니다.

세 번째의 대체에너지 개발에 있어서는 태양력, 파력, 풍력 등 1962년도부터 이 사람이 연구하고 얘기해왔던 방법들이 이미 많이 개발되어 실용화한 단계에 있습니다.

이 세 가지 일은 한 개인이나 한 국가가 할 수 있는 일이 아닙니다. 모든 국가가 앞장서서 전세계적인 사업으로 이루어져야 합니다. 모든 국가가 함께 한 기금조성이 이루어져야 하고 기금조성에 참여한 국가는 이 시스템에 의한 전면적인 혜택을 입을 수 있도록 해야 합니다.

인류 모두가 지혜를 모아 이 일에 전력을 다한다면 인류는 유사 이래 가장 좋은 시절을 맞이하게 될 것이며, 만약 이 일을 남의 일인 양 외면한다면 극한의 재앙을 면할 수 없을 것입니다.

이 사람이 오래 전부터 얘기해왔던 '울 안의 농법'은 이미 미국 라스베이거스(Las Vegas)에서 30층짜리 '고층 빌딩 농장'으로 구현되었습니다. 그렇게 크게도 운영될 수 있지만 각자 자신의 집에서 이루어지는 '울 안의 농법'도 필요합니다.

21세기에 있어서 또 하나 인류가 만일의 사태를 대비해서 연구, 추진해야 될 일이 있다면 바닷속에서의 수중생활, 수중경작입니다.

지구가 심하게 온난화될 경우, 공기가 너무 많이 오염될 경우, 바닷물이 높아져 살 땅이 좁아질 경우 등에 대비할 때, 인류는 우주에서의 삶보다는 바닷속에서의 삶을 준비해야 합니다. 왜냐하면 그것이 훨씬 수월하고 비용도 절감할 수 있기 때문입니다.

이렇게 깨달은 이는 이변적으로는 깨달음을 얻게 하여 영생불멸의 삶을 영위할 수 있도록 만인을 이끌어야 하며 사변적으로는 일반인이 예측할 수 없는 백 년, 천 년 앞을 내다보아 이를 미리 앞서 대비하도록 만인의 삶을 이끌어줘야 한다고 생각합니다.

불법의 뜻은 다만 진리 전수에만 있는 것이 아니니, 만인이 서로 함께 영원한 극락을 누릴 때까지 물심양면으로, 이사일여로 베풀어 교화해야 하기 때문입니다.

대원 문재현
전법선사님 인가 내력

# 대원 문재현 전법선사님 인가 내력

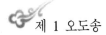 제 1 오도송

이 몸을 끄는 놈 이 무슨 물건인가?
골똘히 생각한 지 서너 해 되던 때에
쉬이하고 불어온 솔바람 한 소리에
홀연히 대장부의 큰 일을 마치었네

무엇이 하늘이고 무엇이 땅이런가
이 몸이 청정하여 이러-히 가없어라
안팎 중간 없는 데서 이러-히 응하니
취하고 버림이란 애당초 없다네

하루 온종일 시간이 다하도록
헤아리고 분별한 그 모든 생각들이

옛 부처 나기 전의 오묘한 소식임을
듣고서 의심 않고 믿을 이 누구인가!

此身運轉是何物
疑端汨沒三夏來
松頭吹風其一聲
忽然大事一時了

何謂靑天何謂地
當體淸淨無邊外
無內外中應如是
小分取捨全然無

一日於十有二時
悉皆思量之分別
古佛未生前消息
聞者卽信不疑誰

대원 문재현 선사님의 스승이신 불조정맥 제77조 조계종(曹溪
宗) 전강(田岡) 대선사님께서 1962년 대구 동화사의 조실로 계실
당시 대원 문재현 선사님께서도 동화사에 함께 머무르고 계셨
다.

하루는, 전강 대선사님께서 대원 선사님의 3연으로 되어 있는 제1오도송을 들어 깨달은 바는 분명하나 대개 오도송은 짧게 짓는다고 말씀하셨다. 이에 대원 선사님께서는 제1오도송을 읊은 뒤, 도솔암을 떠나 김제들을 지나다가 석양의 해와 달을 보고 문득 읊었던 제2오도송을 일러드렸다.

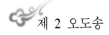 제 2 오도송

해는 서산 달은 동산 덩실하게 얹혀 있고
김제의 평야에는 가을빛이 가득하네
대천이란 이름자도 서지를 못하는데
석양의 마을길엔 사람들 오고 가네


日月兩嶺載同模
金提平野滿秋色
不立大千之名字
夕陽道路人去來


제2오도송을 들으신 전강 대선사님께서는 이에 그치지 않고 그와 같은 경지를 담은 게송을 이 자리에서 즉시 한 수 지어볼 수 있겠냐고 하셨다. 대원 선사님께서는 곧바로 다음과 같이 읊으셨다.

바위 위에는 솔바람이 있고
산 아래에는 황조가 날도다
대천도 흔적조차 없는데
달밤에 원숭이가 어지러이 우는구나

岩上在松風
山下飛黃鳥
大千無痕迹
月夜亂猿啼

전강 대선사님께서는 위 송의 앞의 두 구를 들으실 때만 해도
지그시 눈을 감고 계시다가 뒤의 두 구를 마저 채우자 문득 눈
을 뜨고 기뻐하는 빛이 역력하셨다.

그러나 전강 대선사님께서는 여기에서도 그치지 않고 다시 한
번 물으셨다.

"대중들이 자네를 산으로 불러내고 그 중에 법성(향곡 스님 법
제자인 진제 스님. 나중에 법원으로 개명)이 달마불식(達磨不識) 도
리를 일러보라 했을 때 '드러났다'고 답했다는데, 만약에 자네
가 당시의 양무제였다면 '모르오'라고 이르고 있는 달마 대사에
게 어떻게 했겠는가?"

대원 선사님께서 답하셨다.

"제가 양무제였다면 '성인이라 함도 서지 못하나 이러-히 짐의 덕화와 함께 어우러짐이 더욱 좋지 않겠습니까?' 하며 달마 대사의 손을 잡아 일으켰을 것입니다."

전강 대선사님께서 탄복하며 말씀하셨다.

"어느새 그 경지에 이르렀는가?"

"이르렀다곤들 어찌 하며, 갖추었다곤들 어찌 하며, 본래라곤들 어찌 하리까? 오직 이러-할 뿐인데 말입니다."

대원 선사님께서 연이어 말씀하시자 전강 대선사님께서 이에 환희하시니 두 분이 어우러진 자리가 백아가 종자기를 만난 듯, 고수명창 어울리듯 화기애애하셨다.


달마불식 공안에 대한 위의 문답은 내력이 있는 것이다. 전강 대선사님께서 대원 선사님을 부르기 며칠 전에, 저녁 입선 시간 중에 노장님 몇 분만이 자리에 앉아있을 뿐 자리가 텅텅 비어 있었다고 한다.

대원 선사님께서 이상히 여기고 있던 중, 밖에서 한 젊은 수좌가 대원 선사님을 불렀다. 그 수좌의 말이 스님들이 모두 윗산에 모여 기다리고 있으니 가자고 하기에 무슨 일인가 하고 따라가셨다.

그러자 그 자리에 있던 법성 스님이 보자마자 달마불식 법문을 들고 이르라고 하기에 지체없이 답하셨다.

"드러났다."

곁에 계시던 송암 스님께서 또 안수정등 법문을 들고 물으셨다.

"여기서 어떻게 살아나겠소?"

대뜸 큰소리로 이르셨다.

"안·수·정·등."

이에 좌우에 모인 스님들이 함구무언(緘口無言)인지라 대원 선사님께서는 먼저 그 자리를 떠나 내려와 버리셨다.

그 다음날 입승인 명허 스님께서 아침 공양이 끝난 자리에서 지난 밤 입선시간 중에 무단으로 자리를 비운 까닭을 묻는 대중공사를 붙여 산중에서 있었던 일들이 낱낱이 드러나고 말았다. 그리하여 입선시간 중에 자리를 비운 스님들은 가사 장삼을 수하고 조실인 전강 대선사님께 참회의 절을 했던 일이 있었다.

전강 대선사님께서는 이때에 대원 선사님께서 달마불식 도리에 대해 일렀던 경지를 점검하셨던 것이다.

이런 철저한 검증의 자리가 있었던 다음 날, 전강 대선사님께서 부르시기에 대원 선사님께서 가보니 주지인 월산(月山) 스님께서 모든 것이 약조된 데에서 입회해 계셨으며 전강 대선사님께서는 곧바로 다음과 같이 전법게(傳法偈)를 전해주셨다.

 전 법 게

부처와 조사도 일찍이 전한 것이 아니거늘
나 또한 어찌 받았다 하며 준다 할 것인가
이 법이 2천년대에 이르러서
널리 천하 사람을 제도하리라

佛祖未曾傳
我亦何受授
此法二千年
廣度天下人

 덧붙여 이 일은 월산 스님이 증인이며 2000년까지 세 사람 모두 절대 다른 사람이 알게 하거나 눈에 띄게 하지 않아야 한다고 당부하셨다.
 만약 그러지 않을 시에는 대원 선사님께서 법을 펴나가는 데 장애가 있을 것이라고 예언하셨다. 또한 각별히 신변을 조심하라 하시고 월산 스님에게 명령해 대원 선사님을 동화사의 포교당인 보현사에 내려가 교화에 힘쓰게 하셨다.
 대원 선사님께서 보현사로 떠나는 날, 전강 대선사님께서는 미리 적어두셨던 부송(付頌)을 주셨으니 다음과 같다.

 부 송

어상을 내리지 않고 이러-히 대한다 함이여
뒷날 돌아이가 구멍 없는 피리를 불리니
이로부터 불법이 천하에 가득하리라


不下御床對如是
後日石兒吹無孔
自此佛法滿天下


위의 송의 '어상을 내리지 않고 이러-히 대한다 함이여'라는 첫째 줄 역시 내력이 있는 구절이다.

전에 대원 선사님께서 전강 대선사님을 군산 은적사에서 모시고 계실 당시 마당에서 홀연히 마주쳤을 때 다음과 같은 문답이 있었다.

전강 대선사님께서 물으셨다.

"공적(空寂)의 영지(靈知)를 이르게."

대원 선사님께서 대답하셨다.

"이러-히 스님과 대담(對談)합니다."

"영지의 공적을 이르게."

"스님과의 대담에 이러-합니다."

"어떤 것이 이러-히 대담하는 경지인가?"

"명왕(明王)은 어상(御床)을 내리지 않고 천하 일에 밝습니다."

위와 같은 문답 중에 대원 선사님께서 답하신 경지를 부송의 첫째 줄에 담으신 것이다.

전강 대선사님께서 대원 선사님을 인가(印可)하신 과정을 볼 때 한 번, 두 번, 세 번을 확인하여 철저히 점검하신 명안종사의 안목에 탄복하지 않을 수 없으며 이에 끝까지 1초의 머뭇거림도 없이 명철하셨던 대원 선사님께 찬탄하지 않을 수 없다.

그리하여 법열로 어우러진 두 분의 자리가 재현된 듯 함께 환희용약하지 않을 수 없다.

이제 전강 대선사님과 약속한 2천년대를 맞이하였으므로 여기에 전법게를 밝힌다.

이로써 경허, 만공, 전강 대선사님으로 내려온 근대 대선지식의 정법의 횃불이 이 시대에 이어져 전강 대선사님의 예언대로 불법이 천하에 가득할 것이다.

Dharma Lectures of Zen Master DaeWon

# The Song of
# Dharma Nature

Moonzen Press is affiliated with Jeongmaek Zen Center.

Baroboin Buddhism ㊴
# The Song of Dharma Nature

Published (1st edition) on October 10th BE 3043, AD 2016

Written by **Zen Master UiSang**
Dharma lecture by **Zen Master DaeWon Moon JaeHyeon**
Published by Moonzen Press

Edited by JinSeong Yun JuYoung
Produced by DoMyeong Jeong HaengTae, JinWoon Yeo JeongHa, Kim SookRim
English translated by WonGwang Eryn Michael Reager
Chinese translated by CheonMyeong Hong JunBiao
Printed by Garam Co.

Moonzen Press – www.moonzenpress.com
Jeongmaek Zen Center – www.zenparadise.com
International Union to Prevent Desertification(IUPD) – www.iupd.org

Baroboin Buddhism ㉟

# The Song of Dharma Nature

Written by Zen Master UiSang
Dharma Lecture by Zen Master DaeWon Moon JaeHyeon

# Contents

# Preface

The *Song of Dharma Nature* is the essence of the entire 81 volumes of the *Flower Garland Sutra* (the *Avataṃsaka Sūtra*) in a short verse. There is no difference between awakening through reflection on the sutras, and awakening through the use of a *kong-an*.

Zen Master Yongjia from China and Zen Master UiSang from Korea who is the author of this verse, are examples of Zen masters who were enlightened in this manner.

The *Song of Dharma Nature*, written so spontaneously and naturally, is like a cool breeze and rain shower on a hot summer day. I felt so refreshed when I first heard this verse, everything was revealed so clearly.

When I was 25 years old at Bohyeonsa Temple, I started giving Dharma lectures on this verse for the first time, and like UiSang, the words came out spontaneously and naturally.

This book is compiled from Dharma lecture that I had given in 1999. This lecture is, what we say in Korea, adding legs on a snake. Nevertheless I hope you can reflect on this so it can be the spark that will allow you to absorb yourself in your Original Nature.

B.E. 3035
A.D. 2008

Offering incense to the Buddha
DaeWon Moon JaeHyeon

# The Full Text of the *Song of Dharma Nature*

Zen Master UiSang

* The Nature of the Dharma embraces everything; there is nothing besides this,
* Hence the manifestations of the Mind are unmoving and so, fundamentally quiet.
* There is neither name nor form, everything is cut;
* Without experiencing enlightenment you cannot know.
* Original Nature is unfathomable and sublime;
* It never remains the same, but manifests according to affinities.
* In the One there is the Many; Many is included in the One,
* One is the Many; Many is the One.
* A speck of dust swallows the universe;
* Each and every speck of dust is also like this.
* Countless kalpas are one thought;
* One thought is countless kalpas.
* The Nine Periods, the Ten Periods are like one

* But remaining distinct. This is mysterious and sublime.
* The first thought is enlightenment,
* Samsara and Nirvana are not two,
* The material world, the spiritual world is Just-like-this, without discrimination.
* The ten Buddhas and Samantabhadra Bodhisattva always dwell in this great state of the Mahayana.
* From the Hae-in Samadhi(Sāgaramudrā-samādhi) of Buddha
* Unimaginable abilities come forth at will,
* The Dharma, akin to precious jewels, rains upon sentient beings
* Then depending on the vessel the individual receives the Dharma accordingly.
* So if anyone wants to relish the original state
* Without letting go of delusions, they will never succeed.
* Free from past karmic ties saints use wise expedients,
* They make each and everyone content in their Original Home.
* Bodhisattvas use this Dhāraṇī like a bottomless treasure chest
* To decorate and glorify Dharmadhātu, the palace of the Mind.
* Sit down in your Original Place and see
* That everything is as it is, like Buddha of old.

# The Song of Dharma Nature 1

The Nature of the Dharma embraces everything;
　There is nothing besides this,
Hence the manifestations of the Mind are unmoving
　And so, fundamentally quiet.

## Zen Master DaeWon's Dharma Lecture

The Nature of the Dharma, truly embraces everything - there is nothing besides this.

Our marvelous and boundless Original Nature is the Nature of the Dharma. Our Nature possesses sublime wisdom and virtue in full, this is the meaning of "embraces everything".

Because it is through the encompassing Nature of the Dharma that the whole universe is created, there is no separation between the two. This all is so sublime and mysterious.

Right now we are sitting here, in this spot, facing each other. What would you say if I told you that neither time nor space exists here? Isn't this a strange thought?

The universe is boundless, in other words, there is

nothing outside the universe. This is something that has been confirmed by modern physics. People may hear this and just nod their heads in assent, but if you think about it, it is truly a momentous idea.

What does it mean for something to have no outside? It means there is also no inside either. If there is neither inside nor outside, then space doesn't exist. And without space, time can't exist either.

It is only because of our karma that we experience space and time, but originally space and time do not exist.

So what is it like to live in a world without time? The instant we think of an action, then that action would already be realized. For example, if I were to think that I need to get some document out of that drawer, it would already be in my hand. And if I were to think about eating something, then at that moment the food would already be digested in my system.

But how are we living right now? We don't even consider the possibility of a state that has no inside or out, one which is free from time and space. Most people think, 'How can there be a place without time or space? If time and space didn't exist then life wouldn't exist either.' I would like to set aside mere speculation of whether this is possible or not, and instead I am just asking if we enjoy this kind of life right now.

We are already living in a world that is not constrained by time and space. This is a fact. Nevertheless, the reason you don't understand this intuitively is because you haven't experienced this state first hand. There is nothing, regardless of how small it is, that doesn't express the Truth. Every principle of the universe can be found in even a speck of dust.

Let's use our dreams as an example, because we all have experienced them.

When we are asleep the only thing that we perceive to be real is the dream world we are experiencing at that time.

If, while you were dreaming some fanciful dream, I was to appear and then come up to you and say, "You are in your bed sleeping right now. Everything is just a dream. So you haven't been looking at anything real," what would you think? You'd say I was crazy.

You would say, "The mountain is green, the stream runs down off it. The sun rises in the east and sets behind the western hills. I clearly see, hear and feel. What do you mean that I haven't been looking at anything real?"

In your dream, was the bright light bright? If it wasn't, then darkness wasn't dark either, and the colors that you saw in your dream weren't really colors. That is why I say that you did not see even one thing correctly.

Everything you saw in that big world you dreamt of, once you awake you realize it was all just a dream. All just from your subconsciousness… and if so, then pull out your subconsciousness and show it to me.

You are unable to pull out and show me your subconsciousness because it is nowhere to be found. But not only that, it doesn't occupy any physical space. Nevertheless, everything in your dream, the entire dream world, is still able to come from here.

You realize all of this, but why don't you believe me

when I tell you that the world we live in is not constrained by time and space?

As such, the Nature of the Dharma encompasses everything, there is nothing besides this.

"Hence the manifestations of the Mind are unmoving and so, fundamentally quiet."

What are the manifestations of the Mind? In our dreams, our dream world unfolded right in front of our eyes. After we awoke, we realize that it didn't really exist, so it was never created in the first place.

But we can't say that nothing unfolded, because if so, then we wouldn't have even had a dream.

Even though all forms, emotions and everything in the universe unfold countless times, our dreamworld is a product of our Mind. It doesn't have any form, it never really existed and so it can't be created or destroyed. Hence, the manifestations of our Mind are unmoving and so fundamentally quiet.

If, while we are dreaming, we are able to realize that our dream is nothing but a dream, we will understand that nothing really exists and nothing has been created.

At this time, we will truly be able to enjoy everything, this is mysterious existence.

So in this way, the manifestations of the Mind are unmoving and so fundamentally quiet.

## A Rabbit's Horn

Each of us have a boundless Original Nature,
Free from space and time we face one another;
Enjoy the pleasure of exchange Just-like-this, but
Nothing has been created, and nothing moved.

Hum!

# The Song of Dharma Nature 2

There is neither name nor form,
　　Everything is cut;
Without experiencing enlightenment
　　You cannot know.

Zen Master DaeWon's Dharma Lecture

The Nature of the Dharma has "neither name nor form", so "everything is cut". There is only the Mind. Besides the Mind, not even a speck of dust can exist.

If we have to express it in words, we cannot help but say that "everything is cut". But there has to be something in order to be cut, however originally there is nothing to be cut.

The world that opened up to us in our dreams disappeared once we awoke. But actually that dream-world never existed, so what can we say actually disappeared?

With this example we may be able to logically understand what "everything is cut" means, but in reality we must experience the wisdom of enlightenment to truly understand this.

If I were to ask each of you, "What did you see on your way here?" then you would each tell me every little thing you saw. Now, what will you think if I contradict everything you say and tell you that you did not see a single thing?

You'd probably regret even coming here, you'd think that I was crazy.

But seriously, none of you here actually saw anything, it's just like what you saw in your dream.

Now, for any students who are new to the teachings of enlightenment I would like to ask them.

Before you experienced Original Nature, you did not realize that it was your True Nature which was in fact responsible for the seeing and hearing in the first place. Now, where did that 'not realizing' go to? Even without having to discard anything, that 'not realizing' disappeared without a trace. And since you've seen your True Nature, did you find it anywhere? Was it hidden?

Of course not, it was never hidden. It is not something to be found. It was you yourself all along, then what can you say you've attained? But isn't this totally clear to you now, something which before you were completely unaware?

That's why it's said that you can discard of something without discarding, and attain something without attaining.

But if you went around saying this, then people would wonder what happened to you to make you this crazy.

But when you dwell in the boundless state, you will realize that attaining without attainment and discarding without discarding is just the nature of enlightenment.

So what is it like to enlighten?

(Turns off lights)

This is dark night.

(Turns on lights)

The moment I turned on the light, the darkness instantly turned to brightness.

If I turned off the light again, then the brightness would immediately turn to darkness.

When the light is turned on, the darkness doesn't have to leave the room for it to become bright, when it is off, the brightness doesn't have to leave, it's instantaneously dark.

Darkness suddenly became brightness; brightness suddenly becomes darkness and just like this, Bodhi is ignorance; ignorance is Bodhi. While nothing has really changed, at the same time it has clearly changed. So we say attaining without attainment and discarding without throwing anything away.

Isn't it understandable that Buddhas and Bodhisattvas are left speechless when looking at us? Not only is there originally no birth and no death, but we possess all the virtues and wisdoms and so are living in the Pure Land. We are living here in the Pure Land right now while we are lamenting about being in hell, isn't this ridiculous?

When we fall into the ocean of our dreams, we fear that we are going to drown. The fire in your dream doesn't exist, but you suffer when you are burned.

Where is the house that burned down in our dream, where is the fire?

But didn't you clearly suffer? People of the world are all like this.

So it is said that "without experiencing enlightenment you cannot know" this principle.

## A Rabbit's Horn

In this place, which is vacant like empty space
Everything becomes manifest like magic;
If not enlightened, who can know this?

(The master holds up staff and throws it)

# The Song of Dharma Nature 3

Original Nature is unfathomable
    And sublime;
It never remains the same, but
    Manifests according to affinities.

## Zen Master DaeWon's Dharma Lecture

It is so sublime and deep indeed. I have a habit of writing things down when I think of them. One day when looking in my dictionary, I saw what I had written, it was the principle behind the manifestation of the world of sentient beings.

The substance of what I had written was how our Original Nature is so sublime: it creates the six paths, including heaven and hell.

Original Nature, our True Body is Just-like-this, and this is known as Tathātā (suchness) in Sanskrit.

The awareness of this suchness - our Original Nature - is Prajñā: the Great Wisdom where limitless virtue and abilities are inherent. This is the key to understanding how sentient beings and the whole universe came to exist, let me explain.

Our True Body has neither form nor color. We refer to the awareness of our Original Nature as light, but it cannot be named or explained with words. It is not like the light of a candle or the sun.

When we sink into the boundless state (Samadhi), and not even a thought remains, sometimes we may see this light. It may be clear like the autumn sky or you may possibly see a brilliant gold or silver colors.

When you first enter into Samadhi and see this light, it is such a wonderful and perfect state. In fact, even before you are conscious of it you will already feel how good it is. It is so pristine and complete that you will want to hold on to it and dwell there forever.

But this is attachment, and you have already created duality. Where there was once only this boundless state, you have created inside and out; self and others.

Like this, before anything existed, there was only boundless Mind but this kind of attachment created inside and out. This is the beginning of the universe.

From desire and attachments, likes and dislikes arose; cause and effect appeared and it is due to this cause and effect that explains why we are constrained where there had been originally only freedom. This cycle repeated itself over and over again. Consequently samsara unfolded right in front of our very eyes.

Self Nature is indeed unfathomable and sublime, its omnipotence includes the ability to create subject and object.

We talk about sentient beings falling into samsara, but actually, sentient beings and even the state of falling are only expressions of Self Nature's inherent abilities.

It is unfathomable and limitless.

## A Rabbit's Horn

Like clouds and thunder coming from the empty sky,
All the unfathomable manifestations,
Come from the omnipotent Mind.


(The master holds up staff and lays it down)

# The Song of Dharma Nature 4

In the One there is the Many;

　Many is included in the One,

One is the Many;

　Many is the One.

## Zen Master DaeWon's Dharma Lecture

"In the One there is the Many; Many is included in the One."

This is a difficult and important concept. From one Mind, countless thoughts arise; all of these countless thoughts are contained in one Mind.

The *Flower Garland Sutra* (the *Avataṃsaka Sūtra*) also explains that none of these countless thoughts have Self Nature, they are simply the products of the one Mind.

This is the meaning of "In the One there is the Many; Many is included in the One."

What about "One is the Many; Many is the One"?

Each one of your Minds is a boundlessly wide expanse, that extends everywhere just as the light from a lamp completely fills every crevice of a room. Even though there are countless lamps that respectively light up the room, together the lights only make the room brighter. They don't cancel one another out. Our individual Minds, like the individual lights, don't interfere with one another and this is the meaning of "One is the Many; Many is the One."

We can use the metaphor of Indra's net to explain this also. The countless reflective spheres that make up this net, each reflect all of the other ones. The reflection of all of the other beads in the one sphere is reflected in all of the other beads again. And this continues to infinity. There is no end to this, it is incomprehensibly sublime.

This world in which we are breathing and living right now is sublime. Each person in this room has a boundless Mind that fills the room, it fills up the universe. But none of those Minds interfere with one another, despite being boundless and respectively filling the room. This is because they don't occupy any space and so are free to work as they may.

This is why I say this principle of "One is the Many;

Many is the One" is so incomprehensibly sublime.

If you misunderstand this, you may think that there is only one Buddha Nature in the universe, or that we all return to this one root.

If this were the case, then when Sakyamuni Buddha awoken upon seeing the morning star we should all be enlightened and our practice should be finished.

But in order to finish our practice we must eliminate our individual karma accumulated over countless previous lives. Only then will we come to live in the Pure Land where there is no such thing as suffering.

If there were only one Buddha Nature, then when Sakyamuni Buddha awoken, samsara would not exist for anyone, there would not be even the idea of practice to be enlightened or need for the tradition of Dharma transmission. Even among so-called enlightened teachers, there are many who misunderstand this concept. But if Buddha Nature was only one, then who would have given Dharma transmission to them and from whom would they have received it?

It is a serious mistake to believe that "One is the

Many; Many is the One" means there is only one Buddha
Nature.

## A Rabbit's Horn

The yellow butterfly dances above the flower;
The hen leads her chick on a picnic,
While the puppy bounces around following them.

(The master closes his eyes,
stands still for a moment
and brushes off his sleeves as he returns to his
room)

# The Song of Dharma Nature 5

A speck of dust
  Swallows the universe;
Each and every speck of dust
  Is also like this.

## Zen Master DaeWon's Dharma Lecture

Just like the beads of Indra's net that I was speaking of, where each sphere reflects the entire universe and the entire universe can be found in each sphere, within each and every speck of dust, we can find the whole universe.

Let's stop talking about dust and just look at ourselves. This is true for us also. Every individual's boundless Self Nature is identical and they all merge as if one.

Like the lamps in the room we were talking about earlier, the room is entirely filled with light but this isn't just one light. Each individual lamp contributes to the overall brightness of the room without interfering with one another.

Therefore if one light is turned on then the room is that much brighter; if one is turned off then the room becomes that much darker.

So the whole universe is found inside each and every speck of dust.

If we return to the lamp analogy, then what is amazing is that while each lamp which emits this light physically occupies some spot where it is attached, our Self Nature doesn't take up any space and is completely free.

You must awaken to, and experience the stage of enlightenment to truly understand this. But this is the reality that we are already living in, whether you understand it or not. It is possible to find every principle and mystery of the universe in the tiniest speck of dust.

## A Rabbit's Horn

Kasyapa called out to Ananda,
Mazu stepped on Shuilao's back;
Zhaozhou says, "Pine tree in the garden."

# The Song of Dharma Nature 6

Countless kalpas
  Are one thought;
One thought
  Is countless kalpas.

## Zen Master DaeWon's Dharma Lecture

It is said, "Countless kalpas are one thought; One thought is countless kalpas." In other words, we see time and space even though they don't exist and while we do perceive time and space, there are in fact no such things.

Time is mysterious. To a healthy person, one day is not a very long time, but to someone who is bedridden it can seem to last forever.

The other day I took a short nap and had a dream. While I was dreaming, I seemed to travel all over the world in a period of a week. But upon awakening I found out that only a few minutes had passed and I had never moved from the spot where I had fallen asleep.

Even right now, if our sphere of karma changes, then

time and space does also. With regard to my dream, should we say that I spent several days traveling all over the world or that I just enjoyed a short nap in this room?

Stories of dreams like this, are in fact the ultimate Dharma lecture. There is nothing that they can't explain. If only you can completely penetrate your dreams, then there are no other lectures that you need to listen to, nothing more to learn.

From now on, let's not think about our dreams as merely putting our subconscious on display, but let's just call it one thought. One thought doesn't occupy any space at all, here in this one thought, there is neither time nor space. In that short nap while I was lying here on the floor, I took a long trip around the world.

Like this, space and time are merely dimensions that emerge from our individual karmas, they do not have an immutable existence.

If you can understand this, then you will understand how "countless kalpas can be one thought and one thought can be countless kalpas". This principle will be all too clear. Since we're born into "this world", when we look around we think that what we perceive is all there is. But have you ever considered what the universe really looks like?

One day, when I was about nine years old, I was walking to school and had a thought. 'I am walking on this road, but what's beneath my feet? Of course the road is, but what is beneath the road? And under that, what is there?' This train of thought continued unceasingly and I eventually became immersed in the boundless state. I ended up forgetting to go to school and just stood there.

From then on, whenever I had that thought I would sink into this boundless state and I ended up missing a lot of school.

The universe has no boundaries, there is no outside and consequently there can be no inside either. If there is neither inside nor outside, then there can be no space. Without space the concept of time cannot exist either, so it is said, "Countless kalpas are one thought; One thought is countless kalpas."

## A Rabbit's Horn

The full moon is always bright,

The peaks of the Himalaya are covered with snow all
year round,

And the Pacific is an endlessly deep blue.

# The Song of Dharma Nature 7

The Nine Periods,
　　The Ten Periods are like one
But remaining distinct.
　　This is mysterious and sublime.

## Zen Master DaeWon's Dharma Lecture

Yesterday there was the past, present and future; today there is past, present and future; tomorrow there will be a past, present and future. This is what we call the three time periods of the past, present and future. This all makes Nine Periods and if you add it to Self we have the Ten Periods. But we've already seen that countless kalpas are one thought while one thought is countless kalpas, so even though we have defined the Ten Periods, in reality they all merge into one.

It is imperative that we understand the principle of *sang-jeuk* in order to understand this.

The meaning of "*sang*" can be approximated with the concept of 'each other' or 'mutual', but the meaning of "*jeuk*" is more complicated. There are dozens of lamps on in this room right now. The light from each one of them completely fills the room, they don't interfere with one another. Without interfering with one another it seems like there is only one bright light, but if we turn one of them off the room is that much darker. If we turn one on, it becomes that much brighter. So we can know that there is not just simply one light in the room but the overall brightness consists of several lights making their own individual contributions. Like these lights, *sang-jeuk* is when each of our individual Minds seem to be one, there is no distance or space among them.

The relationship among past, present and future is in *sang-jeuk*. It is similar to the lights in this room. They are all one as a whole, but at the same time past is past, present is present and future is future.

In our Original Nature, our Mind, there is neither form nor color; there cannot be past, present or future. However, everything we see in this universe, including samsara, is a product of our Original Nature.

And if we look at everything as such, then past is

past, present is present and future is future. But just like the dozens of lights in this room, the Nine Periods are also in the state of "*jeuk*". It is so sublime that the Nine Periods coexist inseparably like one, but at the same time they remain distinct from one another. This is mysterious.

## A Rabbit's Horn

Just-like-this, where neither time nor space exist
How mysterious it is to interact while facing each
other!
This is an ordinary day in Paradise.

# The Song of Dharma Nature 8

The first thought
Is enlightenment,
Samsara and Nirvana
Are not two,

Zen Master DaeWon's Dharma Lecture

You must understand this. So what is the first thought that is said to be enlightenment?

The first thought is awareness of boundless Original Nature, even before the manifestation of any phenomenon.

It is fundamentally different from the thoughts that we have as sentient beings.

If the awareness of this boundless Original Nature is missing, then this isn't correct enlightenment. It must be clear and ever-present.

When this awareness is forgotten we get lost in the jungle of phenomena, and fall into the world of sentient beings. But if we can maintain this clarity while doing everything that we must then, just as it is, the world transforms into Paradise: samsara and tranquil Nirvana are not two.

## A Rabbit's Horn

In spring the stone man dances on the hill,
And the jade maiden sings.
How is this not wonderful?

# The Song of Dharma Nature 9

The material world, the spiritual world
  Is Just-like-this, without discrimination.
The ten Buddhas and Samantabhadra Bodhisattva
  Always dwell in this great state of the Mahayana.

## Zen Master DaeWon's Dharma Lecture

There has never been two to begin with, so it's impossible to divide the material and the spiritual into two separate groups.

But by all appearances, they seem to be distinctly different. Why is this? Our True Self, Tathātā possesses enlightened wisdom and infinite virtue. This wisdom and virtue radiate in all directions like a pure light originated from True Self. Even though it originates from ourselves, since this light appears to be something from the outside we become attached to it.

Moreover, we believe it to be real so we develop attachments. And this cycle repeats itself. Here, likes and dislikes arise. We want to possess the things which we like, and throw away the things that we do not like. This is the beginning of cause and effect, from here we have constraints, samsara and finally the six paths of existence.

When we enter into Samadhi we will sometimes see a bright light, it may be gold or silver color, or it may just be perfectly transparent like the clear autumn sky. But as I've said before, once we become attached to this wonderful sensation, we will lose our Samadhi.

Absolute Samadhi becomes replaced by subject and object. The material and spiritual world seem to be divided into two.

Once the world manifests itself in this way there are all sorts of forms and appearances.

The world that we are living in right now seems real to us but it is in fact a delusion that manifests because of this attachment.

None of this is easy to understand. You must experience and become one with the boundless stage that has neither inside nor out to truly understand this.

"The material world, the spiritual world, is Just-like-this, without discrimination." In other words, this means that the two cannot be separated.

The *Flower Garland Sutra* (the *Avataṃsaka Sūtra*) speaks of the "ten Buddhas", which refer to all of the Buddhas. So these ten Buddhas and Samantabhadra Bodhisattva all dwell in the great state of the Mahayana.

## A Rabbit's Horn

The spiritual and the material
Are like the diamond and its sparkle.
Doing without doing is also like this.

# The Song of Dharma Nature 10

From the Hae-in Samadhi(Sāgaramudrā-samādhi) of Buddha
Unimaginable abilities come forth at will,

## Zen Master DaeWon's Dharma Lecture

None of the various principles are distinct. Nevertheless, don't I intentionally displaying each one of them in this Dharma lecture?

Can this be comprehended?

## A Rabbit's Horn

Doing things in this boundless state,
And Paradise unfolds Just-like-this,
Relish it to the utmost.

# The Song of Dharma Nature 11

The Dharma, akin to precious treasures,

  Rains upon sentient beings

Then depending on the vessel

  The individual receives the Dharma accordingly.

## Zen Master DaeWon's Dharma Lecture

This Dharma lecture is like nectar, or a rain of precious treasures. Why do we compare this to nectar or rain? It is because the fever, the suffering of sentient beings may be relieved by listening to this lecture and awakening. Imagine what it's like to be in a severe drought, everything is dried up and yellow. But once it rains, everything is restored to life and green again. That is why we compare the Dharma to nectar or a rain of precious treasures.

So let's think of putting out a vessel to collect this rain. If you put out a plate then you will collect only that much water, but if you put out a huge jar then you will collect even more. Some people put out a container big enough to hold an entire day's worth of rain. Not even a drop would be wasted.

The benefit that you get from this Dharma lecture today is also in proportion to how big of a vessel you put out. In other words, how receptive are you? How much faith do you have?

All of Buddha's Dharma lectures are unchanging and consistent. But it will be received differently depending on the container and the abilities that everyone has. Everyone can listen to the same teaching but a person of the smaller vehicle will only be able to understand up to a certain point. They will dwell on what is relevant to the smaller vehicle, but then be unable to move forward.

If you would like to practice the teachings of the great vehicle, you must be a great container. In order to be like this, you must have great faith in Buddha. If it weren't for Buddha, who could have given us this great teaching of such tremendous Truth?

The more you practice and the more profound state you experience your gratitude to Buddha will grow exponentially. It is said that even if one sacrificed themselves and ground their body into powder then that could still not repay the Buddha's favor.

When I was six years old I would repeat the phrase spoken by Sakyamuni Buddha: "Throughout heaven and earth only I am holy," as if it were a song.

Meanwhile, I experienced oneness with the whole universe when I was nine. It is because of this experience that I began to have an idea about the mysteries of the universe and how everything came to be. After that I met with the ten famous masters[1] of the day to talk with them about my idea, but none of the conversations were satisfactory.

All of this made me even more grateful for the teachings of the Buddha.

This verse, the *Song of Dharma Nature,* contains the essence of the *Flower Garland Sutra* (the *Avataṃsaka Sūtra*). This sutra specifically states, "The faith is the mother of all virtue, only through faith can we achieve the stage of Buddhahood."

In every religion, we see people praying for good

---

1) Ten famous masters : Zen Master GyeongBong, Ha DongSan, GoBong, SeolBong, GeumBong, HyoBong, GeumO, ChunSeong, CheongDam and Lee UHwa.

fortune but in reality this only makes people superstitious. I used to tell lay people not to bring offerings to put on a shrine and only requested that they pay obeisance to Buddha.

I would say, "Don't pray and wish for fortune, don't make offerings. Only bow for obeisance and prostrate yourself for repentance." But now I notice that people are forgetting the great favor which Buddha has bestowed upon us through his teachings, so I recommend the practice of bringing offerings. We must never forget that favor.

Faith, in its purest form, is indeed the mother of all virtue, and without this virtue we can neither experience the joy of Nirvana, nor achieve Buddhahood.

Once we have experienced the boundless state of our Mind, and awakened to True Self, then what is it that we must do? We must deal with our karma, and the best way to do this is to look upon the Buddha with devoted and faithful thoughts.

When I was staying at Beopwangsa Temple, even though it was the winter time, I washed myself in the ice-cold mountain streams every morning before making an offering to the Buddha.

I was in the middle of a 100 days of prayer following an illness acquired from a meditation retreat that I had done earlier in the year. During the extended meditation retreat I had chosen not to sleep, and in order to ward off sleepiness I ended up sitting on a frozen stream. I believe this caused the chronic symptom of not being able to turn my head or move my neck.

So washing in the cold mountain stream before making an offering to the Buddha was terribly painful. The pain would almost cause me to pass out, nevertheless, I continued as a symbol of my devotion. During this time of prayer I was so moved with the *Annotation of the Redacted Five Commentaries on the Diamond Sutra* (金剛經五家解說誼) *by* HamHeo DeukTong (also known as GiHwa), especially the part of Zen Master HamHeo DeukTong(涵虛禪師說誼). I would sit down with a writing brush and make a copy of it every day.

*There is One Thing,*

*With no name or form, but it penetrates the past and present;*

*It fits in a speck of dust, but swallows the whole universe.*

*Every marvelous and sublime mystery is inside it,*
*Outwards, it responds perfectly to every situation.*
*It is the master of the heavens, of earth and of man;*
*The king of all Dharmas.*
*So vast, there is nothing that can compare,*
*So lofty, it has no limits.*
*Isn't this marvelous?*
*Even by just bending over, it is so bright and clear,*
*It is calmly present while seeing and hearing.*
*What a mystery!*
*It came before the heavens and the earth, it has no precedent*
*Even after this all is gone, it will continue.*
*Can you say that it exists? Or that it does not?*
*Don't know!*

"There is One Thing, with no name or form, but it

penetrates the past and present." Isn't this the same as "countless kalpas are one thought; One thought is countless kalpas"?

It is also said, "This One thing fits in a speck of dust, but swallows the whole universe." The universe is so large that we can't even compare it to our body, but this is saying that though the One Thing that dwells within our body, it swallows the whole universe.

So, has anyone here who swallowed the universe? Didn't your stomach burst? (All laugh)

Every marvelous and sublime mystery is inside this One Thing. Even though it has no form or color, countless ideas all come from it, isn't this amazing? It has constructed the modern world and all this technology. In this way, despite not having any form, "outwards, it responds perfectly to every situation".

*It is the master of the heavens, of earth and of man;*
*The king of all Dharmas.*
*So vast, there is nothing that can compare,*
*So lofty, it has no limits.*

*Isn't this marvelous?*

*Even by just bending over, it is so bright and clear,*

*It is calmly present while seeing and hearing.*

*What a mystery!*

*It came before the heavens and the earth, it has no precedent*

*Even after this all is gone, it will continue.*

*Can you say that it exists? Or that it does not?*

*Don't know!*

I don't know either! (All laugh) When I was nine years old, I experienced the state of becoming one with the universe. Even though I experienced that state, I was unable to put it into words. But this poem expressed it all so perfectly, so perfect that I fell in love with it to the point of going half crazy.

I loved it so much that I thought about writing this down and then eating it, but the paper was too stiff, it didn't go down my throat.

There wasn't any delicate paper then, so I wrote it down and then burned it thinking that I could eat the ashes. But it didn't burn all that well and was still difficult to eat, so I ended up grinding up the ashes and mixing them with water to drink.

But this wasn't easy either, it could still get caught in my throat and choke me. In any case, you should try it sometime! (All laugh)

Even after 50 days of prayer my condition didn't improve. I still could hardly move my neck, and was unable to lie down without the assistance of other people.

One day, when my two fellow practitioners were laying me down, I suddenly had a strange vision that I still remember vividly, even to this day.

Something was flying and came down to me from the sky. I had never seen anything like it before. Years later, when I first saw a helicopter, I recognized it from that vision. From that brilliantly transparent helicopter-like thing that landed right next to me, an old man came out. Though he looked like an old man, his face had no wrinkles. And he had a really fine looking white beard.

That old man with his white robe, white beard and big black walking stick, wanted me to come inside the helicopter. I was thinking that it was strange that the old man, someone who I had never met, flying in something that I had never seen before was gesturing for me to come in. So I refused, but before I knew it, he grabbed me up by the back of my neck and waist to throw me inside. I was stuck!

There was a dashboard with a clear button which the old man pushed with his walking stick and I experienced another pain like an electric shock.

I couldn't stand any more and just at that moment I jumped up screaming, I woke from the vision.

All of my clothes were soaked with sweat, but the strange thing was that my neck pain was completely gone.

The inexplicable condition caused by extended meditation, something that no one had been able to explain, had suddenly disappeared just like that. To me, the vision seemed to last quite sometime, but my two friends who were laying me down said that it all transpired in an instant. Isn't time an interesting thing?

Everybody was surprised that I was able to move my neck and that how, in such a short time, all my clothes, including my thick cotton coat were completely soaked. This is how I was cured from the condition that had been causing me such trouble.

I have experienced unexplainably strange things like this countless times. I'm sure that everyone here knows what I am talking about. It can't be explained, but it is the result of the faith that I have been speaking about.

Sincere devotion and dedication are needed to receive blessings from the Buddha and Bodhisattvas. Even more importantly, a humble and grateful mind will allow us to melt our karma and to awaken to the Buddha's teachings.

"Faith is the mother of all virtue, only through faith can we achieve Buddhahood."

So I hope you can all give rise to such faith, unwavering and sustaining. This is necessary if we are going to live as we wish, and more importantly, if we want freedom as to when and where we are going to die.

## A Rabbit's Horn

Sakyamuni Buddha showed us at three places;
Zhaozhou said, "The pine tree in the yard."
And the snow falling on my nose is cold.

# The Song of Dharma Nature 12

So if anyone wants
To relish the original state
Without letting go of delusions,
They will never succeed.

## Zen Master DaeWon's Dharma Lecture

Originally we were able to express our infinite and innate abilities at will. This is what the poem is referring to when it says "original state", the state in which we had dwelt before we fell into the realm of sentient beings.

Originally delusions never existed but the verse also says that in order to return to this state, "without letting go of delusions, they will never succeed". Where did these delusions even come from then?

This is the same as asking what the prime mover was.

This is certainly a difficult question to answer.

As I mentioned before, the innate light of wisdom and virtue radiates from the awareness of our Original Nature. As it gets stronger, we become more attached to it and desire it.

But since it is originally ours, we never needed to covet it. If we only could relish it, the world would be without duality, a garden of the Pure Land.

So duality was created by our longing for something that we had originally always possessed. This is the first ignorance – the place that all of our delusions arose from.

We began to have likes and dislikes, so we chased after what we like and run away from that we don't. This cycle repeated itself, meanwhile we got more and more entangled in samsara. This is the point where the six paths of existence came to be; where the universe came from.

Everything in this universe came from this delusion. In fact, everything we perceive as sentient beings is delusion. Nothing of last night's dream had any substance, there was not even one real thing. So our thinking is completely backwards and mixed up.

"If anyone wants to relish the original state, without letting go of delusions they will never succeed." So if we really want to enjoy and relish this original state then we must be able to let go of all this backwards thinking. What is it like to be free from all of this?

When you are absorbed into the boundless state then not even one object can exist separately. In other words, there is nothing outside of this boundless Mind. This is indeed the place that is free from those delusions.

But even though you have awakened to the state of "nothing outside of the Mind", habits accumulated over countless kalpas do not disappear instantly.

This is the reason we will not be able to continually stay in the pure state free from delusions. This backwards thinking will continue to arise, persistingly disturbing this quiet and pure state.

So even though we have awakened to the original state, we must build upon this foundation and work to rid ourselves of our burdensome karma. How can we wash away the karma that has accumulated over countless kalpas?

Whenever we succeed in becoming completely absorbed

in the boundless state, our karma melts away like ice under the sun. So we must make an effort to extend the amount of time we spend in this boundless state, until it can continue regardless of what we do. This, indeed, is the method to free ourselves from delusions.

As the time of Nirvana was nearing for the Great Sixth Patriarch Huineng, he called together all of his disciples in order to clarify any doubts. They had all been practicing under him for more than thirty years, awoken and received *in-ga*.[2]

The master said to them, "After I leave you will all go to your respective locations and become teachers. I am going to show you how to teach so that 'the essence and the root of the teaching' does not get lost. Avoid opposites, such as coming and going." He then spoke of the three dharmas and the rules of the thirty six pairs.

A few months later he called his disciples back again and addressed them, "I am going to leave the world

---

2) *In-ga* (印可): The formal recognition of a disciple's enlightenment by a master who has received transmission in the Dharma lineage started by Sakyamuni Buddha.

by August. Should you have any doubts please ask me. After I leave you will have no one to teach you."

He then taught the 'Gatha of truth and illusion; motion and stillness', and instructed them to memorize and recite it in practice so they would not lose 'the essence and the root of the teaching'.

Like this, the Great Sixth Patriarch clarified the teaching of "Sudden Enlightenment and Instant Cultivation". "Sudden Enlightenment" is awakening to Original Nature and realizing this is Buddha. But the confusion arises when many people assume that "Instant Cultivation" means that there is nothing more to be cultivated. But this is not the case.

When someone become one with their boundless Self Nature, there is neither space nor time. In this state of "Just-like-this", which transcends space and time, even though one cultivates there is no cultivation. If there is no time or space, what can exist? If there is not even one thing, then what can we cultivate?

We are clearly cultivating, but since there is no time or space, there is really nothing that has been cultivated. This is true *borim*,[3] the practice that the Great Sixth Patriarch instructed us to do after we are enlightened. This is truly freeing ourselves of deluded thoughts.

---

3) *Borim* : The practice of following enlightenment through which the practitioner recovers the innate wisdom and ability of Original Nature by living enlightenment in everyday life.

## A Rabbit's Horn

How can we let go of these delusions?
The magpie across the river is telling us now…
I am going to have some more tea.

# The Song of Dharma Nature 13

Free from past karmic ties
　Saints use wise expedients,
They make each and everyone content
　In their Original Home.

## Zen Master DaeWon's Dharma Lecture

If you can put down all those delusions then you would be like a saint who works saving people from suffering. A saint does all this without any expectations or conditions, this is what being free from any ties to cause and effect means.

When people of the world help others, they always have conditions. Even parents may expect, 'If I send my child to some prestigious school then they will succeed and take care of me when I'm older.' But even without such expectations nothing is done without any conditions. They dedicate themselves to their children because the children are their offspring. They wouldn't make all these selfless sacrifices for another person's child.

Nothing is done free from conditions. And if we have them for even our children, how much more is this true for our spouses? When these required conditions are not met we fight like cats and dogs.

Saints are not tied to karmic affinities, they use expedients wisely without placing any conditions, only wishing to relieve the suffering of sentient beings.

They don't think, 'If I help this person, what will they do for me?' Instead, all of their actions are done simply as a selfless offering to all sentient beings.

However, the use of expedients without wisdom harms people although it may be intended to help them. There are such teachers these days who may mislead people.

An example of an expedient used without wisdom is 'the instruction to meditate with your *kong-an* in front of your eyes'. This type of practice will cause problems. If someone teaches disciples like this, they are not helping their students, but leading them astray. That is why I say that it's so important to use expedients wisely.

What is an example of a wise expedient? Zen Master SeungSahn once asked me, "Ten thousand Dharmas return to One, where does the One return to?" I responded immediately by saying, "Snow falling on the tip of my nose is cold." This is a wise expedient.

"And make each and everyone content in their Original Home."

To be absorbed in the state where there is "nothing outside of the Mind", you must keep this as your foundation. When the karma accumulated over countless kalpas is finally swept away you will be able to recuperate and use your inherent abilities in the original state. When you enter into this original state then, according to various circumstances you will be able to satisfy the needs of all sentient beings. This is unconditional sublime joy.

The joy that comes from never straying from one's Original Nature and working for the sake of others is a very different kind of pleasure than what people normally think of. It is not found by chasing after and attaining external objects. The joy that I am talking about can not be used up, no matter how much it is enjoyed. This is the highest joy and everlasting, this is Nirvana.

We can talk about the pleasures of the world, but

they bring about at least twice as much suffering as happiness. If you have ever experienced success and you will know what I'm talking about. You will think that once you achieve what you were pursuing, then everything will be alright. But the feeling of accomplishment is short-lived, once you reach that peak, you will find that there is still another peak to climb. Eternal happiness always seems to be right around the corner, just out of reach, like the proverbial carrot on a stick. Nevertheless, while we are pursuing these worldly pleasures, there is always an inherent bitterness in our experience.

Imagine a monkey will reach in a hole and grab a handful of rice. But if the hole is small enough the monkey cannot remove their hand while holding the rice and will be stuck. They will not let go so they become stuck to the point that they can be caught. This is a primitive monkey trap. Similarly we allow ourselves to be trapped by our desires and greed. This is what brings us countless sufferings, and these sufferings comes from all directions.

So let us transcend the so called 'pleasures' of the world – the root of all our suffering – and experience the incomprehensible joys of Nirvana.

## A Rabbit's Horn

What are expedients without condition?
When the flaming sunset lays over the sky like silk
The wife greets her husband with a full net of fish.

# The Song of Dharma Nature 14

Bodhisattvas use this Dhāraṇī
Like a bottomless treasure chest
To decorate and glorify
Dharmadhātu, the palace of the Mind.

## Zen Master DaeWon's Dharma Lecture

The "Dhāraṇī" in this verse is referring to none other than wisdom. The wisdom which will integrate all things into the Dharma, the True Nature of all things.

This wisdom is the extension of Samadhi and its fruits can be distributed to all. It is sublime and mysterious, it can be used and used, but never used up. It is known as a "bottomless treasure chest".

"Dharmadhātu, the palace of the Mind." In the stage of "nothing outside of the Mind", the whole universe is the Mind; the whole Mind just as it is, is the Dharmadhātu.

This is the palace that is magnificently decorated by the innate virtue that comes from that stage.

## A Rabbit's Horn

How do we decorate this great Palace?
The sparrow sits on the line singing a song
While the phonograph plays some fine music.


Hum!

# The Song of Dharma Nature 15

Sit down in your
    Original Place and see
That everything is
    As it is, like Buddha of old.

## Zen Master DaeWon's Dharma Lecture

This is your Original Place, your Original Home. Immerse yourself in this state and you can see that nothing was brought from the outside.

This state is not a thing that has been built or something that can collapse, it doesn't need to be fixed either. It is originally complete and perfect.

When you immerse yourself in this original state, you realize everything is Just-like-this. And once you clean away all of your karma, you will realize that karma is, in itself, Wisdom.

Do you remember what I said? Last night when you were dreaming, if you didn't realize that it was a dream and thought that it was real, it's because you believed all those things to be something separate from you. From what was originally just the Mind, you created a subject and an object. So it was all just an illusion. However, if while you are sleeping, you realize it's just a dream, then it is not simply an illusion, but instead a Paradise manifested by the innate and omnipotent abilities of the Mind.

"Sit down in your Original Place and see that everything is as it is, like Buddha of old." Just as I said earlier, "The Dharmadhātu is another name for the palace which is decorated by the innate virtue that comes from 'nothing outside of the Mind'." "Everything is as it is" means that there is nothing that comes from outside of the Mind. In other words, once you attain Buddhahood, you will realize there is nothing to be thrown away or accomplished. Delusion is enlightenment, ignorance is Bodhi.

So after forty nine years of tireless and constant teaching, Buddha finally said, "I have not taught even one thing, not even one word."

What did he mean by this?

We are all listening to this Dharma lecture today. But after we complete our practice, we become like Buddha of old. Everything is as it is, and we realize that we didn't learn even one thing. Not even one thing achieved. Such realization is true attainment, right enlightenment.

A long time ago, someone asked Zen Master Dongshan, "Among the three bodies (Trikāya), which one of them isn't bound by a number?" The master responded, "I'm always wholly Just-like-this."

If you want to know the meaning of "everything is as it is, like Buddha of old", then look at Master Dongshan's response.

"Wholly Just-like-this" is the same as "everything is as it is, like Buddha of old".

Also in the past, one monk had thought that he had attained enlightenment. So he got *in-ga* from all of the famous masters in China, all except one. He visited the final master and spoke about his stage of enlightenment. Afterwards, he said, "All of the other masters have already given me their *in-ga*. Would you give me your *in-ga*?" The master replied, "You have been enlightened correctly, your attainment is correct. But no."

"But no." What is the meaning of this? These two

words are so piercing.

The master admitted that the monk had been correctly enlightened, and had already received *in-ga* from all of the other masters. But he refused to give his *in-ga*. Does this mean there was something wrong?

Before I divulge too much I'm going to say only this one last thing: "Everything is as it is, like Buddha of old."

If someone wants to know how hot or cold the water is, they must drink it directly, only then they will really know. So everyone here who can understand this Dharma lecture is very fortunate.

Even though you understand "everything is as it is, like Buddha of old" to a certain point right now, when you complete your practice someday, it will seem entirely different still.

So if you can understand "you have been enlightened correctly, your attainment is correct. But no", then you will dance freely without hindrance.

I sincerely hope you practice diligently and all will be like this.

## A Rabbit's Horn

Ha, ha, ha! None of those words made any sense.
The sound of flute, that the stone man plays, is
splendid
And like a fairy, the jade maiden dances.

# Vision of the 21st Century:
# Things We Must Do Differently

# Vision of the 21st Century:
# Things We Must Do Differently

In 1962 the harmful effects of pollution and an inevitable energy crisis began to become apparent to me so I started my own research on alternative forms of energy (infinite motor, solar power, wave energy, wind power) and 'Farming within the Fence'.

I also talked about how many people would depend upon these solutions. At the time however, the problem had not become apparent enough to garner much attention and so my ideas went unrecognized.

In 2009 we established the International Union to Prevent Desertification (IUPD) to bring awareness to one of the most desperate environmental problems, which need to be solved, and to suggest answers to saving our endangered global village.

The IUPD is promoting the prevention of global warming / desertification, making greener surfaces and developing alternate energy. These are initiatives which everyone should work towards.

First, tree-planting has not been successful in preventing desertification or recovering desert areas despite the huge investment of financial and human resources.

We suggested a new solution to the IUPD called the 'Seawater Irrigation Project'.

The Seawater Irrigation Project is designed to recover the eco-system in deserted areas, by installing water lines and irrigating with ocean water for plants with high resistance to salt water.

This is a solution to solve the problem of trees being unable to survive because of a lack of water.

However, the purpose of IUPD is to prevent the expansion of deserts, not to get rid of them completely.

Like the heart in the human body evenly sends blood to every corner of the body to enable movement, deserts play a vital role on Earth and in regulating the temperature of the planet.

This is why we also need to study how we will manage deserts as well as prevent the unnatural expansion of them.

Second, through a three year experiment, I discovered a plant that can change vast areas of wasteland to grasslands in a short time with only minimal cost and manpower.

This plant is called 'sedum'. It can be easily scattered from helicopters without planting it. It is a resilient plant that can thrive in the cold and heat of desolate lands.

This will be helpful in recovering our environment by making a green surface.

Third, solar power, wave energy, wind power and so on are ways of developing alternative clean energy.

These three resources cannot be developed by an individual or a nation. All nations need to make an effort and make it a global business. The nations participating in the fund-raising need to receive the full benefit of these systems.

If we work on these goals together, then we will have a bright and green world. However, if we look away from this problem, we will not be able to survive the extreme repercussions.

I have been talking about 'Farming within the Fence' for a long time; it is already known as the 30-storey vertical farm in Las Vegas. It can be successfully operated in such a grand scale, but it must also be placed in each home.

To prepare for the worst of the 21st century, we need research pertaining to underwater life and water cultivation.

When it comes to preparing for global warming, air pollution, and reduced living space due to rising sea levels, we need to prepare for life in the sea rather than in the universe. It is much easier and can reduce costs.

When one becomes enlightened they not only must help others to become enlightened to their immortal True Self, but be able to see into to the future so as to prepare people for a unpredictable future in our material world.

Since we must keep giving and working until all people can live together in paradise the meaning of Buddhism is more than just simply speaking about the way to enlightenment.

# Dharma Transmission to the 78th Patriarch, Zen Master DaeWon

# Dharma Transmission to the 78th Patriarch, the *JeonBeop* Zen Master DaeWon

First Gatha of Enlightenment

*What is this thing that carries this body?*
*On the third or fourth years I had contemplated thus,*
*To the sound of the wind swishing through the pine trees,*
*The great work was completed all at once.*

*What is sky and what is earth?*
*This mind, as it is pure, is boundless, Just-like-this.*
*Responding Just-like-this, where there is no inside or outside,*
*There is originally nothing gained or lost.*

*Is there anyone who can believe without a doubt?*
*All thoughts, knowing and distinguishing,*
*Over which we spend our day;*
*This is the mysterious awakening even before the*
*ancient Buddha!*


In the summer of 1962, Zen Master JeonGang[4] was the *Josil*[5] of Donghwasa Temple. During this time Zen Master DaeWon was studying with his teacher, the Great Zen Master JeonGang.

One day he presented his Gatha of Enlightenment to the master. The Great Zen Master JeonGang praised his disciple saying that the 3-stanza gatha was a clear evidence of his enlightenment. However he commented that gathas are traditionally kept short. In response to this, Zen Master DaeWon recited another gatha that he had composed previously when he had seen the moon

---

4) Zen Master JeonGang: The 77th Patriarch of the Dharma Lineage of the Buddha and Patriarchs and Zen Master of the Jogye Order of the Korean Buddhism.
5) *Josil*(祖室): The highest authority on the Dharma in a temple. The Great Zen Master JeonGang was also a patriarch who had received the Dharma of enlightenment directly descended from the Buddha.

and the sun in the evening sky over the fields of Gimje.

Second Gatha of Enlightenment

*The sun in the west and the moon in the east, lightly*
*hang over the mountains,*
*And the fields of Gimje are filled with the autumn hue.*
*Even though the whole universe cannot be,*
*People come and go on the road with the setting sun.*

The Great Zen Master JeonGang heard this and asked
Zen Master DaeWon if he could compose another gatha
that would reveal the same stage of enlightenment. Zen
Master DaeWon immediately recited the following:

*Over the rock the wind passes through the pine trees,*
*And below the mountain flies the golden oriole.*
*There is not a trace even of the entire universe,*
*But the monkey cries loudly under the moonlight.*

The Great Zen Master JeonGang listened to the first two lines with his eyes gently closed. Then upon hearing the last two lines, he opened his eyes revealing delight. However, he didn't stop there and asked about an incident in the mountains that occurred earlier in the retreat. "When other monks called you up into the mountain the other day and BeopSeong *sunim*[6] (He is Zen Master JinJe, a disciple of Zen Master HyangGok. At that time he was called BeopSeong. Later, he changed it to BeopWon.) asked you to speak on Bodhidharma's 'I don't know.' *kong-an*[7], you said, 'Revealed!' If you were

---

6) *Sunim*: an honorific title for Buddhist monks and nuns.
7) Bodhidharma's 'I don't know.' *kong-an*: Bodhidharma was a prince of the Pallava Dynasty in ancient India who received the Teachings of the Prajnatara after being ordained. Realizing the many opportunities for spreading the Dharma in the east, he sailed to the Liang Dynasty. When he heard that the Emperor Wu of Liang was a devout Buddhist who had built a thousand Buddhist pagodas and statues throughout his land, Bodhidharma paid him a visit. Before the Bodhidharma, Emperor Wu Liang asked,
"Since I've become emperor, I have built many temples, issued various sutras and ordained numerous monks. What then, is my merit?"
"There is no merit."
"How is there no merit?"
"It is merely the cause of being born into the world of man and the world of heaven. Like the shadow that follows its object, it is not real."
"What is the foremost teaching of the Dharma?"
"Being boundless, Just-like-this, there is nothing to call a saint."

Emperor Wu of Liang, how would you respond to Bodhidharma's 'I don't know'?"

"If I were the emperor Wu," replied Zen Master DaeWon, "I would respond by saying, 'Even though there is no such thing as a saint, wouldn't it be much better to enjoy the flowering of my virtue together, Just-like-this?' and take him by the hand."

The Great Zen Master JeonGang was astonished, "How have you reached such a stage?"

Zen Master DaeWon replied, "How could one say that he has reached it, that he has it, or that it is of his nature? It is only Just-like-this."

As Zen Master DaeWon continued, the Great Zen Master JeonGang became greatly pleased and the two came together like Boya and Zhong Ziqi.[8]

---

"Who, then, is the one facing me now?"
"I don't know."
The Emperor Wu stood in confusion and Bodhidharma crossed the Yangtze River and went to the Wei Dynasty.

8) Boya was the master of the guqin, a 7-stringed zither, in ancient China. Although he was the greatest player of the guqin in all of China, only his most beloved friend, Zhong Ziqi, could truly understand and appreciate his music. So when Zhong Ziqi suddenly passed away one day, Boya smashed the guqin and cut its strings, never to play the guqin again.

The story behind this dialogue had taken place a few days earlier on the mountain.

Zen Master DaeWon entered the meditation hall for the evening session only to find the seats in the hall empty except for few of the elder monks. Right when Zen Master DaeWon was thinking this was strange, he saw a young monk who furtively call him out, waving at him from outside the hall. He told Zen Master DaeWon that a group of monks were waiting for him on the mountain out back.

Zen Master DaeWon followed the young monk into the mountain and found a gathering of twenty some monks waiting for him in stony silence. Immediately upon seeing Zen Master DaeWon, BeopSeong *sunim* called out to him,

"Speak on Bodhidharma's 'I don't know.' *kong-an.*"

Without a moment's hesitation Zen Master DaeWon replied, "Revealed."

Then SongAm *sunim*, who was standing nearby, asked him about the '*An Su Jeong Deung*' *kong-an.*[9]

---

9) '*An Su Jeong Deung*' *kong-an*: A man being chased by a rabid elephant fell into a well. At the bottom of the well there were four poisonous snakes waiting to devour him. Before falling to the bottom of the well,

"How would you save yourself?" SongAm *sunim* asked.

Zen Master DaeWon replied loudly, *"An! Su! Jeong! Deung!"*

As all of the monks were startled into silence, Zen Master DaeWon walked away.

The next day after breakfast, MyeongHeo *sunim*, the head monk of the meditation hall, gathered all of the monks to ask them why they had been absent from the evening meditation without notice. It was at this time that the whole story was revealed. As a result, the monks who had been absent during the session assumed their formal robes and bowed in penance before the Great Zen Master JeonGang.

The next day of the thorough verification, the Great Zen Master JeonGang called Zen Master DaeWon. When he arrived, he found his master and the Abbot WolSan *sunim*

---

he grabbed hold of a vine being gnawed at by white and black mice. With the rabid elephant thumping outside, there was nowhere for him to run. At this moment, a drop of honey fell from a beehive hanging above into the man's mouth. At the taste of honey, he forgot all the danger he was in. The question of how one would save oneself in this situation is the *kong-an* of *An Su Jeong Deung*.

who had been asked to be a witness.

The Great Zen Master JeonGang recited the following Dharma Transmission Gatha,

Dharma Transmission Gatha

*Even the Buddha and the Patriarchs had transmitted nothing,*
*How could I say I have received it or will give it.*
*This Dharma, in the 21st century,*
*Will be a refuge for all in this world.*

And the master appointed Zen Master WolSan to be a witness of Zen Master DaeWon's enlightenment and the Dharma Transmission. He stressed that no one should know about this *in-ga* until the year 2000. He also forewarned that if not, many obstacles would arise in spreading the Dharma and Zen Master DaeWon would be in danger.

After this secret *in-ga*, the Great Zen Master JeonGang

ordered Zen Master WolSan to send Zen Master DaeWon to Bohyeonsa Temple – a dissemination center of Donghwasa Temple – to teach the Dharma to the laity.

The day Zen Master DaeWon left for Bohyeonsa Temple, the Great Zen Master JeonGang walked with him a mile outside the temple gates and gave him a piece of paper with a gatha he had written for his parting disciple.

Gatha of Entrusting the Dharma

*To respond Just-like-this without leaving his throne,*
*In days to come a child of stone will blow a flute without holes.*
*Thenceforth, the Dharma will spread throughout heaven and earth.*

There is also a story behind the first line, "To respond Just-like-this without leaving his throne."
One day, while Zen Master DaeWon was practicing

under the Great Zen Master JeonGang at Eunjeoksa Temple in Gunsan, the following dialogue took place between them during an unexpected encounter in the garden.

"Tell me about the spiritual awakening in the silent void," the Great Zen Master JeonGang asked.

"Just-like-this, I talk with you," Zen Master DaeWon replied.

"Tell me about the silent void in spiritual awakening."

"Talking with you, I am Just-like-this."

As Zen Master DaeWon answered, the Great Zen Master JeonGang sharply stared at him and asked, "What is the stage of talking 'Just-like-this'?" in order to test whether his disciple truly knew the stage of being 'Just-like-this'.

"A wise king wholly responds to everything without leaving his throne." Zen Master DaeWon replied.

So the Great Zen Master JeonGang put the stage of the response in the first line of his Gatha of Entrusting the Dharma.

Looking at the process of the Dharma Transmission,

one cannot help but admire the discerning eye of the wise master who thoroughly tested his disciple not once or twice but for a third time, and how Zen Master DaeWon responded to every test without a moment's hesitation. As if this were happening in the present, one cannot help but exult in this interaction between two Zen Masters brought together with the joy of the Dharma.

Now that we are in the second millenium that the Great Zen Master JeonGang told, we have revealed the history and the Dharma Transmission Gatha given to *JeonBeop* Zen Master DaeWon.

This will fulfill the prediction of the Great Zen Master JeonGang; the light of the Dharma of modern Zen Buddhism – from the Great Zen Master GyeongHeo, the Great Zen Master ManGong, the Great Zen Master JeonGang and to this generation – will fill the whole world.

大圆文载贤禅师 开示

# 法性偈

Moonzen出版社是由正脉禅院经营。

Baroboin佛法 ㊴

**法性偈**

第1次出版发行日期 佛纪3043年 公元2016年10月10日

开　　示　　**大圆文载贤禅师**

发　　行　　　Moonzen出版社


编辑,润文　　真性尹柱瑛

制作,校正　　道明郑滓太，真运吕娫河，金淑林

中文翻译　　天明洪军彪

英文翻译　　圆光艾琳·麦克雷格(Eryn Michael Reager)

印　　刷　　伽蓝文化社


Moonzen出版社 - www.moonzenpress.com

正脉禅院 - www.zenparadise.com

沙漠化防止国际连带 - www.iupd.org

Baroboin佛法 ㊴

# 法　性　偈

义湘大师 著

大圆文载贤禅师 开示

# 目 录

# 序　文

　　法性偈是把华严经的核心部分完全彰显出来的偈颂。如此，正确地观照佛经的本意而悟道的话，跟通过看话禅而悟道丝毫无殊。

　　观照佛经的本意而痛快悟道的代表人物，在中国当属永嘉禅师，在我国当属写法性偈的这位义湘祖师。

　　看娓娓而谈的法性偈，如同三伏天洗一场凉水澡一样痛快无比。那是因为此偈颂完全表达了本人的心声。

　　于是我在1962年26岁时，在大邱普贤寺第一次开示了法性偈法门。这本书中记录的则是1999年第二次法门开示的内容。

　　虽然是蛇足似的法门开示，但真心希望，正确地看懂这本法性偈而悟道上能有所帮助。

佛纪 3039年 / 西纪 2012年

无等山人 大圆 文载贤 焚香谨书

# 法性偈 全文

义湘大师

法性圆融无二相　诸法不动本来寂
无名无相绝一切　证智所知非馀境
真性甚深极微妙　不守自性随缘成
一中一切多中一　一即一切多即一
一微尘中含十方　一切尘中亦如是
无量远劫即一念　一念即是无量劫
九世十世互相即　仍不杂乱隔别成
初发心时便正觉　生死涅盘相共和
理事冥然无分别　十佛普贤大人境
能仁海印三昧中　繁出如意不思议
雨宝益生满虚空　众生随器得利益
是故行者还本际　叵息妄想必不得
无缘善巧捉如意　归家随分得资粮
以陀罗尼无尽宝　庄严法界实宝殿
穷坐实际中道床　旧来不动名为佛

# 法性偈 1

法性圆融无二相

诸法不动本来寂

### 大圆禅师 开示

　法性真的是圆融无缺，因而没有二相。

　所谓法性就是，诸位已契入的，没有里外而无边灵明之处。在座的各位都是已经契入到此处的人。

　所谓圆融就是，法性包含了不可思议的智慧德相。正因为法性如此圆融，所以我们可以展开三千大千世界并且能在没有二相中尽享。这就是不可思议。

　诸位，我们这样面对面坐着。虽然这样面对面坐着，如果说"没有空间，不仅没有空间连时间也没有"，别人能接受吗？若不是在座的诸位，也许不可能接受。这真是不可思议不是吗？

　我一有机会就说宇宙是没有边际的。也就是说宇宙是没有外的。科学界也发行了，有关宇宙是没有外的书籍。也许这句话各位觉得很平常，其实这句话含有非常深刻的真理。

　没有外是什么意思呢？也就是没有里的意思。既然没有里外，也就不可能存在空间。空间指的是A点到B点之间的距离。如果没有空间会怎么样呢？那么时间也不可能存在。

由于我们所造的业，认识到时间和空间而已，其实当初就不存在时空。

如果生活在没有时间的世界里会是什么样的呢？我想从抽屉里拿出文件做某一件事情的一念起来的同时，这件事情已完成才行。

当想要吃饭的一念起来的同时，饭已经吃完并消化了，在体内各自发挥自己的作用才行。

但是各位现在这样生活吗？往往人们对这种问题不会深究，而是平常的忽略过去。任何问题只要深究，没有一个不是真理。这个世界上哪怕是一粒微尘里也能看出一切道理。

也许有人会这么想，"怎么会有没有时间和空间的生活呢？如果没有时间和空间，连所谓的生活也不会存在啊！"。可是我却问各位，是否正在尽享没有时空的生活。

其实我们已经是这样生活着。就像刚才所说的一样，哪怕是一粒微尘，如果仔细观察，可能都会发现这个宇宙的一切道理。

现在我用各位都做过的梦来打个比方看看。

当做梦的时候，做梦之前的世界和梦醒以后的世界都是不存在的，只有做梦的世界才是现实世界。

如果跟正在做梦的人说"你此刻在地球村的某个地方，某个时间睡觉，这个世界是你在梦中展开的世界，你看到的一切都不是真实存在的，所以其实你没有看过一件东西。"做梦的人如果听到这句话，他是坚决不会相信的。

做梦的人会这么说，"明明看到青山绿水，太阳东出日落，怎么能说什么都没有看到呢？如果没有看到，怎么能说太阳是太阳，月亮是月亮，青山是青山，绿水是绿水呢？"

但是这个时候，如果我跟他说："别的暂且不说，就连那个太阳光你也没有看到。连太阳光也没有看到，岂能看得到山呢？所以你没有真正看到一件东西。"当这位听到这句话会有什么反应呢？

这人会说，我已经完全疯了是不是？（大众异口同声的回答"是"）

你们真会回答呀。各位正是这样的人。

昨晚做梦的时候，梦里的光明是不是真的光明？既然不是真的光明，那么黑暗也不是真的黑暗。既然光明不是光明，黑暗不是黑暗，随之青黄也不是真的青黄。所以说你没有真正看到一件东西。

没错。我经常跟你们说，梦里展开的世界是，当醒过来就发现，只是我们潜意识的作用而已。那么各位能把潜意识拿出来让我看看吗？

潜意识不仅拿不出来，连针尖立足之处都没有。如果针尖立足之处都没有的话，那就是没有里外之处。正是没有里外的潜意识中，展开了那么广阔的世界。但是，在座的各位为什么不相信，我们面对面的坐着，却没有时间和空间的这句话呢？

为什么听到这样开示才相信呢？我们契入心外无物的无边体性时已经体验过了不是吗？（大众异口同声的回答"是"）

是的。法性是如此圆融无二相。只有这样看才是真正看懂了法性圆融无二相的道理。

"诸法不动本来寂"。

什么是诸法呢？虽然昨晚梦里展开了万象，其实连一个也不曾展开的不是吗？

但是不能说"不曾展开过"。既然没有展开过，那么所做的梦也不存在才行。

如此，梦中不可思议地展开了青黄赤白、喜怒哀乐、高低长短、森罗万象和数不清的无量世界，却说诸法连一个也不曾动而本来寂，这是什么道理呢？

如果，梦里知道这只是梦，不仅未曾展开过，连动都未曾动过是吧？（大众异口同声的回答"是"）

如此之中尽享一切是吧？（大众异口同声的回答"是"）

这就是妙有。

因此，出现了所谓"诸法"之名称。正因为如此，亦谓"诸法不动本来寂。"

## 兔角

只因彼此是无边体性
没有时空却相互面对
"如是"尽享往来之乐
却完全不曾动过

呵！

# 法 性 偈 2

无名无相绝一切
证智所知非余境

## 大圆禅师 开示

　　法性无名亦无相绝一切。无名无相绝一切，故心外无物。因而除了心外，无微尘可立。

　　今天刚接受指导而见性的一位就坐在后面。既然见性了，那么好好听一下看看。

　　今天契入到的无边体性和现在的法门一致不一致呢？契入到无边体性里，是不是真实地实证到了，以前只有理论上明白的《般若心经》的道理？（"是"）

　　没错，所以绝名绝相绝一切。

　　契入到没有里外的无边自体中一看，因为是心外无物，是故除了体性之外，无一微尘可存立。只是为了用语言表述才称之为绝，其实当初就没有可绝的东西。

　　世间的人往往，昨晚在梦中展开的世界，当醒过来以后就说是消失了。可是本来就未曾有过相，什么东西可消失呢？从中我们可以看得出绝一切的道理。

　　这个道理只有悟道而证得了智慧才知道，不可能通过其他方法能知道。

在座的各位都是非常幸运的人。诸位遇到我以后，因为过于轻松地得到，反而不知道珍贵。天地生成经过无量劫，一直到受此身为止还不知道，可想而知有多难？所以在地狱、恶鬼、畜生、阿修罗、人间、天上等六道中轮回并受尽折磨，一直得到此身为止。

如此反复轮回当中，因为和我有了因缘，此生才解决了这个问题。

想想看。除了各位，首尔、京畿道2000万以上人中，能契入无边体性的人能有几位呢？我估计很难找到的。

如果他们听了今天晚上的法门开示，会怎么想呢？如同是梦中之人一样，连一句话也不能接受的。

试想一下看看。如果他们当中某一个人来到了我们这里，当问那个人"你来的路上都看到了什么？"他就会这样那样如实的回答。假如你从头到尾全部否定并跟他说你连一个也没有看过，他指定会说"哎呀，这不是我该来的地方啊。这个人一定是疯了。"而事实上此人确实什么也没有看到，如同昨晚梦中人一样。

所以只有真正悟道并不容置疑的从内心喊出"没错，就是'这个'"，并下定信心的人才能明白，其余的人是无法明白的。

在座的各位都已经明白，所以我问一下今天刚受到指导的初心者。

今天来这里之前仍然看和听，却不知道这个看和听的东西。但是那所谓不知道的一念，你是扔到哪里了？

扔什么扔啊。但是所谓不知道的一念，连痕迹都没有就消失了不是吗？（"是"）

当悟出无边自体一看，是从别处找到的呢？不是从别处找到的呢？（"并不是从别处找到的。"）

哪怕是挪开一张白纸后看的呢？还是连一张白纸也没有挪开看的呢？连一张白纸也没有挪开看的不是吗？（"是的"）

没错。从未曾遮挡过，所以不是什么重新找出来的，而本来就是我自体。所以岂能说是得到的？但是完全不知道的"这个"，现在却又分明了不是吗？

所以说是无扔而扔，无得而得。

今天刚受到指导的人，如果回家跟伙伴们说"我是无扔而扔，无得而得。"他们会怎么样呢？

一定会说"这个人从某个地方回来突然间疯掉了"。真不知道谁才是真正的疯子。

请大家回答吧。

是不是无扔而扔了？

不知道"这个"的一念，无扔而扔了不是吗？

是不是无得而得了？

契入到无边自体一看，是不是无得而得了？因为本来就是我自体而已。

对世间的人而言，这种话是不可能成立的。他们一定会说："如果无扔的话，当初就应该没有扔，怎么可能存在所谓的'无扔而扔'呢？还有，如果没有得到的话，当初应该没有得到，怎么可能存在'无得而得'的话呢？"

但是哪怕三千大千世界毁灭掉几千次，其他的话都没有了，可这句话是不会消失的。虽然是如此真实的话，可是世间的人听了这句话，反而觉得说这句话的人疯掉了。

契入到无边自体以后一看怎么样？（关掉台灯）

如此变成了黑暗。（打开台灯）

瞬间打开灯看看，黑暗本身变成了光明。

并不是赶走黑暗变成了光明，也不是赶走光明变成了黑暗。这是真的不可思议呀。

各位，你们平时思维是不是只停留在关灯则黑，开灯则亮的层面上？其实开灯关灯当中也能看到宇宙的根本道理。是详细地说明其核心的根本道理。

不是赶走光明黑暗进来的，也不是赶走黑暗光明进来的。黑暗本身就是光明，光明本身就是黑暗。所以其实什么也未曾改变过。未曾改变光明，未曾改变黑暗。

所以佛菩萨们看我们众生真是无可奈何。本来都是不生不灭，具足万德而尽享华藏世界，却说成是地狱。

昨晚在梦里自己造了大海后掉进海水里挣扎着喊救命。本来也没有火，却在火堆里痛苦地烧死。

哪里会有被烧的房子？又哪里会有烧死的事情呢？本来就没有烧身体的火，也没有被烧死的身体。

但是如此分明地受尽一切痛苦不是吗？这个世间上的人都是这样的。

我进入到梦中跟大家一起吃饭，就说跟大家一样也是吃饭。看似跟大家一起吃饭，怎么样啊，一样不一样？

是的，所以说这样的道理是只有悟道而证得智慧的人才能明白，其余的人是无法知道的。

**兔角**

虚空般空无的"如是"之处
如同宝石发出七道光一样，造出的一切万法
不是悟道的人谁会明白

(举起柱杖后扔掉。)

# 法性偈 3

真性甚深极微妙
不守自性随缘成

大圆禅师 开示

真的甚深微妙。我是有什么好的想法，不管在哪里马上记录下来。有一天无意中翻开词典的时候，看到了我曾经写上的缘由论。

缘由论的主要内容是"真性甚深极微妙，既能成为恶鬼、阿修罗、畜生，又能制造天上和地狱而展开六道。

如果能注意听现在开始说的话，就能大致明白，是什么缘由出现了众生，又什么缘由出现了三千大千世界。随之也明白宇宙科学。

当如如不动的真如本性成为体的时候，如如的"如"翻译成"如是"，那么什么是"如是"呢？说的是心外无物的体性。

此如如不动的真如之体本有的觉性蕴含着智慧的无量功德。接下来要认真听一下看看，什么缘由出现了众生和这个世界。

体性蕴含着无量功德，根据本有的这个能力发出光明，并对这个光明产生执着。

各位绵密地契入到没有里外的体性时，有时候会成为光明本身。没有形色的根本体性是虽然明亮却不像太阳光一样明亮。只是把根源智慧用明亮来表述而已，并不能用任何的颜色来命名。

但是在其中能看到，像秋日天空一样非常透明的光，或金黄色的光，或灿烂的银光等等。

出现这样光的原因是，如如不动的体本有的那个觉性蕴含着智慧的无量功德。

各位就是那个光明自体时，还没有起一念之前，是不是有过"这个境地真好"的心？那就是一念之前的一念。

尽量多抓住这个境地，并且想一直维持下去不是吗？因为这个境地是如此地安逸，又如此地灿烂和优美。

这就是执着。正因为这个执着才有了相。

因光明强烈而成为执着，又因执着成为了相。

所以有了对象。本来不存在对象，只是自性的能力而已，却有了能所。

从中出现了贪着。"一定要把这个抓紧，永远把它变成我自己的境地。"出现了这样的贪着便有了索取；想要索取的过程中如果出现了另外的境地，那么又出现了舍弃。

如此，因为舍弃厌烦的东西，贪着喜欢的东西而出现了因果；又因为这个因果，出现了束缚和轮回，无止境的反复而展开了六道轮回。

今天晚上讲的比较简单。如果能把这个绵密地看透了，则完全可以看懂宇宙的生成道理。

如此，真如本性甚深微妙。

其实造出来能所也是能力。如果没有这个能力也不可能造出能所。

所以说是掉进众生而六道中轮回，其实连这个也是真如本性本来之能力。

真如本性是如此的不可思议而又无穷无尽的自由自在。

## 兔角

虚空造出云朵和雷电一般
随缘成就的无穷尽
都是自性的全能。


(竹篦竖起后又横着放下。)

# 法 性 偈 4

一中一切多中一
一即一切多即一

大圆禅师 开示

"一中一切多中一"。

一定要明白这个道理。一个自性起千百亿个念头。这一切都含在一个自性里面。

我曾经开示的时候说过，华严经所言的一切法无自性，其实我们起的每一个念头不是另外有自性。

一个自性里蕴含的千百亿念头就是千百亿化身。这就是"一中一切多中一"的道理。

那什么又是"一即一切多即一"的道理呢？

各自的自性都是无边广大而遍满。如同数十个灯光互相没有挂碍地照亮这个房间一般，虽然各自都持有各自的自性却互相没有挂碍自由自在。这就是"一即一切多即一"的道理。

举一个例子来讲，假设像镜子一般能照射的几千万个圆球，一下全部洒在了无边无际的虚空中。那会怎么样呢？

因为是圆球，所以一个圆球里能照射出几千万个圆球是不是？包含几千万个圆球的那一个圆球，又被另外的几千万个圆球照射是不是？这就是重重无尽。

我们就是这样生活在重重无尽的世界里。这个房间里的几十个人虽然都以无边自性的存在，却没有挂碍地自在。自在却不占任何空间。这就是重重无尽，也是"一即一切多即一"的道理。

正因为不知道这个道理，有些人误认为佛性只有一个。

如果是佛性只有一个，那么释迦牟尼佛既然已经见性成佛了，我们应该是释迦牟尼佛的化身才行。因为，如果佛性只有一个，当释迦牟尼佛成佛的时候，我们也应该成佛才行。

所谓成佛就是，把累生累劫的业障消除得干干净净的境地，因此成佛的境地上显现的身应该是，尽享华藏世界的化身才行。

如果是尽享华藏世界的化身，就不应该有痛苦。别说是生死，连见性法和印可法也不可能存在。可是有名的善知识当中，也有人掉进佛性只有一个的知见上，如果佛性只有一个，那么谁会给谁印可，又谁会被谁得到印可呢？

虽然如此，却仍愚蠢的主张佛性只有一个，这都是错误的理解了"一中一切多中一，一即一切多即一"的道理而导致的。

**兔角**

蝴蝶在花丛中起舞
母鸡带着小鸡外出
小狗却好奇地跟着

(闭上眼睛坐了一会儿,
无言的站了一会儿,
甩开袖子走向房间)

# 法 性 偈 5

一微尘中含十方
一切尘中亦如是

## 大圆禅师 开示

正如我刚才比喻圆球一样，一微尘中含十方世界，一念之中含十方世界，并一切尘中亦如是。

别说是微尘，在座的每一位也是如此。我的无边体性相即所有人的无边体性，所有人的无边体性相即我的无边体性，又所有人的无边体性相即所有人的无边体性。

如同数十个灯光互相无法分辨地合在一起照亮这个房间，却各自的灯光没有互相挂碍的发挥各自的作用一样。

如果不能各自发挥自己作用的话，当关一盏灯就不能按一盏灯的光度变暗，当开一盏灯也不能按一盏灯的光度变亮。

是的。所以说了一微尘含十方世界，一切微尘亦如是。正是这样不可思议。没有真正悟道而证得智慧的人是无法明白的。

灯尚且还有所占的空间，我们的自性是没有所占空间的存在却各自自由自在地无挂碍；各自自由自在地无挂碍却没有所占的空间。我们就在这样的真理之中生活。所以一微尘中也能发现宇宙的一切道理。

## 兔角

迦叶唿唤阿难
马祖踩踏水老
赵州说柏树子

# 法 性 偈 6

无量远劫即一念
一念即是无量劫

**大圆禅师 开示**

"无量远劫即一念，一念即是无量劫"。换句话来说，没有时间和空间中，看时间和空间；看时间和空间却没有时间和空间。

时间真是奇妙。世上的人有时候生活不顺心了就会说度日如年。而且听说浮游虫认为一天是非常漫长的时间。

举个例子。有人在中午五分钟左右打盹儿做了一个梦。梦里用了几个月的时间，按照正常的时间周游了世界。但是醒来一看，才过了五分钟而已。

一个人的身上，只要稍微改变一下业，时间和空间就会如此的不同。那么梦中用几个月时间周游世界的时间算对呢，还是五分钟左右打盹儿的时间算对呢？

所以梦是无穷无尽的法门。如果完全明白这个梦，不需要法门开示也不需要听法门开示。

所谓的梦是潜在意识，我们暂且称为一念吧。但是这个一念是，连针尖立足之处都没有不是吗？连针尖也不能立足的此中，岂能有什么时间和空间呢？但是没有时间和空间，却能展开如此广大的世界，并自由自在地往来不是吗？

如此，时间和空间只是根据众生的业而不同的展开，并不是真实的存在。

做梦的人，如果真正明白了这个，则完全理解"无量远劫即一念，一念即是无量劫　"的道理。人们以为出生在这个世界生活就是全部，但还是想想看宇宙到底是什么样的吧。

我的诗集"岁月当锤，世间当鼓"里有题目为"宇宙"的诗。那首诗就是我从六岁开始想的。

后来九岁的时候，小学二年级上学的路上，看到地面想出来了。我的身体是这个地面支撑起来的，那么这个地面又是什么在支撑它呢？然后又进一步想，那么再下面又是什么在支撑？然后再再下面。。。就这样无尽的一念当中契入了无外的境地里。

当时上学的时候，一旦契入到这个境地里，一整天呆呆的站在那里一动不动。所以经常旷课了。

宇宙是没有外的。没有外则也不可能存在内。没有内外则没有空间，没有空间则时间也不可能存在。"无量远劫即一念，一念即是无量劫"就是说这个。

**兔角**

天上十五的月亮始终红
喜马拉雅山顶四季白
太平洋一直是蓝色

# 法 性 偈 7

九世十世互相即

仍不杂乱隔别成

**大圆禅师 开示**

过去的过去、现在、未来，现在的过去、现在、未来，未来的过去、现在、未来，如此无有间断地存在过去、现在、未来。这就是过去三世、现在三世、未来三世。这九世加一个自身就是十世。一念即是无量劫，无量劫即一念，是故过去三世现在三世未来三世和加上自身的十世互相相即。

哪怕是知识再多的人，也很难说明这个"相即"。前面所说的"一中一切多中一"说的是，一个里面包含很多，很多本身就是一个的意思。

然后"一即一切多即一"说的是二的同时即一一的同时即二。那么"一即"中这个"即"是什么意思呢？现在这个房间里开着数十盏灯，但是灯光和灯光之间却没有挂碍的全部遍满。

看似像一个，却分明是关一盏灯就按一盏灯的光度变暗，开一盏灯就按一盏灯的光度变亮。这就是"即"。

虽然过去、现在、未来相即成一，但是过去三世仍是过去三世、现在三世仍是现在三世、未来三世仍是未来三世，是故后面加了这个"即"。

在体性的本分道理中，甚至连过去、现在、未来的名称也不可能存立不是吗？但是在这里展开六道，并且展开如此广大的三千大千世界中而言，分明过去是过去、现在是现在、未来是未来，过去三世是过去三世、现在三世是现在三世、未来三世是未来三世。

如此，过去三世、现在三世、未来三世相互相即。如同这个房间里数十个灯光像一个一般相即。相互相即中又没有混在一起就是奇妙。

根本不可能存立过去、现在、未来之中，分明各各存在过去三世、现在三世、未来三世，真是不可思议。

**兔角**

"如是"没有时空中
相互对应之玄妙
此是华藏世界之日常

# 法 性 偈 8

初发心时便正觉
生死涅盘相共和

**大圆禅师 开示**

一定要明白什么是初心。

最初的初心就是，没有里外的自体知道没有里外的心。这个初心是，已成为形象化而向外展开之前的初心。

这个初心是跟展开森罗万象、众生世界、九类世界以后的初心完全不一样。

所以说，初发心时便正觉。

如果没有里外的自体，连知道没有里外的心也没有的话，那就不是真正的悟道。没有里外的自体，知道没有里外就是真正的悟道。

妄觉"它"而向外驰求成了众生世界，没有妄觉而接受一切成了华藏世界。在这里契入则生死和涅盘不二。

## 兔角

石头汉子春天在东山起舞

纤纤玉女悠然歌唱

岂不美哉岂不美哉

# 法 性 偈 9

理事冥然无分别
十佛普贤大人境

### 大圆禅师 开示

因非二故，无法分出理边和事边。

那么，在什么情况下分出理边和事边呢？昨天讲缘由论的时候说过，如如不动的真如本性本来持有的觉性里含有智慧的无量功德，所以在那里发出光明。对光明有了执着，因执着而有了幻象。

因为有了各种幻象，所以想要贪恋各种幻象而出现了取舍，因取舍而出现了因果，因为有了因果发生了束缚和轮回，这个反复的过程中展开了六道。

如我以前所说，当我们契入到灭尽三昧时，偶尔能看到，秋日天空一样非常透明的光，或金黄色的光，或灿烂的银光，正如缘由论中讲的，因为贪恋而驰求这个光的过程中形成了境界。

如此分成能所而成了事边而已，本来就不是我的自性以外的东西。但认为是自性以外的东西，想要贪取时成了境界，又因为这个成了事边。

所以，其实理边和事边不二。

这个真是很难明白。也就是各位已经见性了，并加以说明才能说出"是的"这样的回答，即便是八万大藏经倒背如流的人，如果没有契入到没有里外的体性，那也不可能明白的。

"理事冥然无分别"，也就是，没有分开的意思。

十佛指的是华严经里的所有的佛。这个十佛和华严经普贤行愿品的普贤菩萨都是指大乘的境地。

## 兔角

所谓的理边和事边
如同宝石和宝石的光
无为而为亦如此

# 法 性 偈 10

能仁海印三昧中
繁出如意不思议

**大圆禅师 开示**

所有的道理并非另外存在。虽不是另外存在，但是现在我却开示一切道理。不可思议不是吗？

**兔角**

以没有里外的自体行一切
"如是"展开华藏世界
尽享就是极乐世界

# 法 性 偈 11

雨宝益生满虚空
众生随器得利益

## 大圆禅师 开示

　　这里说的宝贝雨一样，此刻的法门开示就是甘露雨。为什么是甘露雨呢？因为听了这个法门开示，也因为听了这个法门开示而悟道，就能远离众生之痛苦。就如同久旱遇到及时雨，救活即将枯死的植物一样，以这个法门救渡众生，所以称之为宝贝雨或甘露雨。

　　如此，下着数不尽的宝贝雨。那么会怎么样呢？用碟子接的人只能接到碟子容量的雨，用碗接的人只能接到碗大小容量的雨，大盆接的人能接到大盆大小容量的雨。也有人把一整天下的雨一滴也不流失全部接到。

　　我的法门开示也是，根据听者以什么心，多少信心来接受，得到的程度各有差别的意思。

　　佛陀一直开示法门，只是众生按照自身的容器取得而已。所以听了同样的法门开示，小乘四果人没能修成大乘的道理，只是安住于证得小乘四果位的境地上。

　　我们若想成为修大乘道理的大器，必须要有信。若不是佛陀，我们去哪儿能听到这么甚深的真理呀。

精进修行而境地越深，越感谢佛陀。哪怕是此身磨成粉烧身供养也无法报答其恩德。

我从六岁开始说出了唯我独尊，到了九岁契入了宇宙与我一体的境地。从小就在这样的境地上契入的，所以对宇宙论持有特别的见解。因此，关于宇宙论，我曾经亲见过11位善知识，但是没有得到让我非常满足的答案。

如此，此生并不是跟谁学习或谁教我而证得了这种道理，但时刻也没有忘记过对佛陀的感恩之心。

这法性偈是华严经的精缩版。华严经也曾经说过，"信为道元功德母"，又说"信能必到如来地"。

不仅是佛教，所有的宗教因为都过分地偏向于祈福方面，所以有段时间，我让大家只给佛陀虔诚的跪拜，连水果也不许供养。

马车要正常前行，必须两个轮子大小一样才行。如果一个大一个小，则只能画着圈而不能前行。因为祈福的轮子实在太大，所以想要立刻削掉这个而不得以为之。

所以跟大家讲"祈祷也不要做，佛供养也不要上，只做三拜就可以了。"如此过度地削掉了祈福的轮子，可是现在修行到了一定程度，也应该知道佛陀的恩德了，各位却还不是很明白佛陀的恩德。

到了成道斋日或初八日，也不起对佛陀的感恩之心。现在可不能这样下去了。

过于偏向祈福方面，所以想要去掉而不得以为之，其实"信"真是一切功德之母。没有功德则尽享不了极乐之乐、净土之乐。

没有"信"则达不到佛陀的境地。只有有了"信"才能达到佛陀的境地。

我们已经是契入到没有里外的体性而悟出真我的人，那么剩下的事情应该是什么呢？就是消除业障。想要干干净净地消除业障该怎么做呢？对佛陀的信心恳切才能干干净净地消除业障。

我虽从六岁开始说了"唯我独尊"，可在江原道七星山法王寺的时候，即便是那么冷的冬天，先冷水洗浴后，才给佛陀供养水。

那时是，参加100天不睡觉勇猛精进中，因在冰面上坐禅而落下重病，脖子前后左右都动弹不得，为了治愈这个病100日祈祷期间。

哪怕是轻轻一动就疼痛难忍，但是依然坚持每天洗浴。

洗浴以后先供养水，然后把《金刚经五家解说谊》中涵虚禅师的一首偈颂抄写完放在佛坛上祈祷。

有一物于此

绝名相 贯古今

处一尘 围六合

内含众妙

外应群机

主于三才

王于万法

荡荡乎其无比

巍巍乎其无伦

不曰神乎

昭昭于附仰之间

隐隐于视听之际

不曰玄乎

先天地而无其始

后天地而无其终

空耶 有耶

吾未知其所以

"有一物于此，绝名相，贯古今"，不就是"无量远劫即一念，一念即是无量劫"的道理吗？

"处一尘，围六合"，这是说，比起浩瀚的宇宙，我们的身体是多么的渺小啊。但是虽然处在这么渺小的身体，却吞掉了宇宙。

　　原文的六合指的是，东西南北上下，即宇宙的意思。数字"十"也是象征这个。

　　怎么样，各位？三千大千世界，没有痕迹的吞掉了吧？但是也没有感觉到肚子饱了是吗？

　　所谓"内含众妙"的意思就是，无形无色却能起千百亿个念头。这就是非常奥妙。人工卫星也是在这里造出来的。所谓"外应群机"的意思就是，无形无色却对外应对一切群机。


主于三才

王于万法

荡荡乎其无比

巍巍乎其无伦

不曰神乎

昭昭于附仰之间

隐隐于视听之际

不曰玄乎

先天地而无其始

后天地而无其终

空耶　有耶

吾未知其所以

哎呀，我也不知道啊！（众笑）看到这个跟我九岁时体验过的境地完全一致。就是说，我曾经体验过却无法用语言表达出来的宇宙真理，这首诗里完全表达出来了。

所以高兴得差点儿疯了。那时的内心真是不能用语言来表达出来。因此想把写这首颂的纸张咽下去，但实在是太硬了，噎在喉咙里咽不下去。

所以打算烧完后再咽下去。那个时候不像现在，没有又软又薄的纸张。没办法，只能写在厚厚的纸张上，然后烧了。这种纸即便是烧完了也不会变成灰烬，依然是原来的模样。把它用手搓成灰后，放进供养水中搅拌，然后咽了下去。

众所周知，灰是非常干又涩，这个东西，只要被噎住，那个滋味是相当难受的。不信你们可以试一下。(众笑)

即便是这样，打算百日祈祷期间每天都坚持下去。

就这样一直坚持了第50天。那个时候，哪怕丝毫动一下，脖子就快被断掉一样，疼痛的症状越来越严重了。

所以晚上我想休息的时候，画家-金弘露和一位僧人，用一块儿木板靠在我的后背，然后才能慢慢地躺下去。

这一天，又是祈祷以后，进到房间，在两位的搀扶下准备躺下去，正是这个搀扶下躺下的过程中，发生了不可思议的事情。

那个年代，在韩国还没有直升飞机。后来我才知道那是直升飞机，反正一架直升飞机从天上出现，来到我面前。平生没看过，而且非常透明。飞机内部没有机械，完全像水晶一样透明。

缓缓着陆到我面前，从里面走出来一位年近80岁左右的老者。看着年龄像80左右，可脸上一点皱纹也没有，好像一位活神仙。白色的衣服，白色的胡须，手拿黑色的柱杖。

一句话不说，只是用柱杖指着我，让我进到直升机里面。看到我不想进去，二话不说，拽起我的衣领和屁股，如同提一只苍蝇一样，把我扔进了直升机里面，继而机舱门自动关闭。

进去一看，里面有一个按钮，仍是透明的。用黑色柱杖摁下这个按钮，便开始了无法用语言表达的电击酷刑。

浑身通过的电流实在是忍无可忍大喊一声中猛地站了起来。就在那个瞬间疼痛难忍的脖子就痊愈了。连医院也不知是什么原因而无法治疗的重病，就这样无影无踪地消失了。

我认为这个过程用了很长的时间，后来得知，不过是服侍我的两位帮我平躺到一半时短暂的时间。看看吧，时间就是这样的奇妙。

看到我能自由地移动脖子，两位吓了一大跳，问我脖子疼不疼？他们摸我的时候，我的浑身全都湿头了。瞬间从体内渗出来的液体浸透了衣服。

当那两位想要把衣服的液体拧干的时候，如同浆糊太滑而无法使上劲儿。不到30秒的时间内从体内逼出来了这么多的液体。就这样因100日勇猛精进而得的病痊愈了。

也许跟我时间稍微长的人会知道一点，像这样不可思议的事情在我身上发生了不下数十次。这些不可思议的事情都是"信"中而来的。

如果不是虔诚的"信"，无法感应佛陀的心。只有虔诚的"信"，才能感应佛陀心而能受到加被。

所以，只有对佛陀充满信心，对佛陀持有感恩之心，业障才会自然消除。并且所有的佛法道理也容易理解。

诸位就从即将到来的成道斋日开始，发起这样虔诚的信心吧。华严经里说过，"信为道元功德母"，又说"信能必到如来地"。

总之，衷心的希望各位发起这样的信心，成为此生根据自身的意志进入涅盘，来生也根据自身的意志受生的人。

**兔角**

世尊在三处明示
赵州说是柏树子
大圆说是鼻尖凉

# 法性偈 12

是故行者还本际
叵息妄想必不得

**大圆禅师 开示**

原文中的"本际"指的是，还没有堕入众生之前，我们的自性把本来持有的能力展开并能尽享的本分道理。

所谓"叵息妄想必不得"，那么这个妄想是从哪里开始的呢？

本来没有妄想，却怎么产生的呢？这句话又跟"最初的因缘是什么？"一样的提问。

"最初的妄想是怎么产生的？"，如果现在我问你们，"这个妄想从哪里开始，又怎么产生的呢？"你们能回答上来吗？

之前，我曾经写过的缘由论里也说过，如如不动的体本有的那个觉性，蕴含了智慧的无量功德而发出光明，并且对这个光有了执着。

觉性持有智慧的无量功德而发出光明，并且只要尽享就可以了。只要尽享，那就是没有对象的华藏世界之乐。

但是把那个光明当成境界的时候便是最初的无明。因为这个最初的无明，所以展开了一切幻象。

这个非常难懂。所以悟道而进入到甚深境地才能明白。

从此出现了各种妄想，产生了取舍，因取舍有了因果，因果又导致了好和坏。好的因缘就想要索取，坏的因缘就想要去掉，这样的行为在反复之中，展开了束缚和轮回，束缚和轮回持续之中展开了六道。因此出现了三千大千世界。

所以说，三千大千世界所展开的全过程都是妄想。众生所想的没有一个不是妄想。昨晚上梦里的一切都是妄念，没有一念是真实的。颠倒的念头全都是妄想。

"是故行者还本际，叵息妄想必不得"，说的就是这个意思。那么，什么是息掉一切妄想之境地呢？

契入到心外无物的境地而不起一念，便是息掉一切妄想之境地。

那么，只要契入到心外无物的境地而悟出了真我的话，无量劫来反复被熏染的业障就会当下永远消失吗？虽然各位已经是契入的人了，难道息掉一切妄想而不起一点儿妄想吗？

并不是那样，而是首先要悟道，然后在悟道的基础上，渐渐地消除剩余的业障和错误的念头，不是吗？

契入到心外无物的境地上，无量劫来熏染的妄想将自然而然地消除。所以契入的境地不间断的修行就是消除业障。这个境地一刻也不间断中尽享日常才算是息掉了一切妄想。

或许看过六祖坛经就会明白，只要是见到了六祖大师，并跟六祖大师对话的过程中，全部都开悟并受到了印可。然后没过几天可以写出悟道颂并得到传法偈后，在六祖大师的指导下开始保任。

但是，即便是这么伟大的肉身菩萨—六祖大师面前受到了印可，并保任了30~40年，仍未修行圆满，是故六祖大师临近涅盘，让弟子们赶紧提出疑问。

六祖大师曰："汝等有疑，早须相问，为汝破疑，令汝迷尽。吾若去后，无人教汝。汝等不同余人，吾灭度后，各为一方师。吾今教汝说法，不失本宗。然后举了三十六对法和真假动静偈说："汝等诵取此偈，与吾意同，依此修行，不失宗旨。"

倡导顿悟顿修的六祖大师说的这句话，到底是什么意思呢？其实在这里明确地显示出了六祖大师顿悟顿修的道理。

六祖大师所言的顿悟顿修，亦非见性即是成佛而不需要消除业障，而是当初就不离没有可修的真如本性而精进，最终达到究竟地的意思。

那么，为什么要说是顿修呢？

契入到悟道的境地不存立时空，是故"如是"超越时空的境地里修行；修行中"如是"超越时空的境地，所以修而无修称之为顿修。

若不是这样，不可能"顿"的后面加一个修行的"修"。

可是现在韩国不少自称得道的僧人却说，自己现在已经进入了妙觉地，所以没有必要修行。还说，没有达到这个境地之前不能算是见性。

　这都是因为，他们虽然都曾经读过六祖坛经，有些人还翻译而且出版过，但都是只看了一部分而没有完全理解全书的内容才导致这么说。按照他们的说法，见性即是成佛而一下子修行完毕的意思的话，说顿悟就可以了没有必要后边加顿修。

　我们必须像六祖大师的会上那样，正确的顿悟顿修才行。也就是说悟道后彻底的保任，息掉一切妄想才行。完全息掉以后应该做什么呢？

**兔角**

怎样才能息掉妄想
小溪对岸的喜鹊也在诉说
我想喝杯清茶。

# 法 性 偈 13

无缘善巧捉如意
归家随分得资粮

**大圆禅师 开示**

息掉一切妄想了，就是能站在教化门上的圣者。说明一下这里所谓"无缘"的意思。世上的人帮助别人的时候都是有条件的。

父母和子女之间也是如此。比如说"我要把我的孩子送到有名的大学，我的晚年才会幸福"等等，这些都是有条件的。没有一个不带条件。至少也有"因为是我的孩子"的条件。如果不是自己的孩子，不可能这么心疲力竭地教孩子。

如此，世上万事没有一件事情不带条件的。对自己的孩子都带有这样的条件，难道夫妻之间就没有条件吗？跟自己的条件不符合就会起你死我活的矛盾。但是圣人虽没有因缘却使用智慧的方便。他们没有任何的条件，非要加一个条件就是"可怜的众生"为条件。

圣人从不为自己，他们的心里想的只有，这些众生本可以不受痛苦，却在痛苦中生活，一定要救度他们。

他们没有"我救了这个人，我一定会有好处"等等条件。如此，以无条件的心使用智慧的方便。

没有智慧的方便反而是害人不浅！现在的假道人便是这样的人。

让人把"庭前柏树子"的话头放在离眼睛一米开外的地方观的话会怎么样呢？翻遍了八万大藏经和论藏，律藏也找不到这种话。但是他们却这么指导，不仅弄瞎了自己的眼睛，还把别人的眼睛也弄瞎了。所以必须要使用智慧的方便才行。

那么什么是智慧的方便呢？曾经崇山行愿禅师问我"万法归一，一归何处？"时，我回答说"落在鼻尖的雪凉"。这就是智慧的方便。

所谓，"归家随分得资粮"的意思就是，契入到心外无物的境地上，以此为基础消除无量劫来熏染的习气，达到完全演绎自性本来能力的境地，时时刻刻随分得资粮的话，这就是没有对象的乐。

"归家随分得资粮"并不是世上的人一样，从外部得到什么并接受的乐。这个乐是真正用之不尽的永恒不变的乐。

昨天，道圆居士在没有对象之中独自恬静端坐的感觉怎么样啊？快乐吧？是不是希望这个境地一直延续下去？这点儿乐是无法比较的。道圆居士尝到了一点点没有对象的乐，如果更精进的话，可以品味无法言表的最高的乐。这种乐就是乐中最高的极乐。

只要是有对象的乐，后面一定会跟随成倍的苦。也许结过婚的人都很明白。没有结婚的人，想方设法想要结婚。在座的诸位中也有这种人。(众笑)

一旦结了婚就被束缚动弹不得。即便是这样，人们还是想要结婚而不顾一切。所以没办法"好吧，你就试试吧。"其结果必定是苦不堪言。

蚕吐丝自绳自缚是无法比较的。蚕只是成了蛹而已，却不受外部侵入的痛苦。但是一旦结了婚，从外面接受的痛苦，那是莫大的。

如果超越这种有对象的乐，而能尽享没有对象之乐的话，即便是有对象的乐也会成为没有对象的乐，即寒山拾得尽享的乐。

## 兔角

什么是无缘之方便
夕阳的云彩是绸缎
妻子迎接满载而归的丈夫

# 法 性 偈 14

以陀罗尼无尽宝

庄严法界实宝殿

**大圆禅师 开示**

陀罗尼又称之为智慧或三昧，契合万象之法或契合万有的实相之法的意思。

所谓"陀罗尼无尽宝"是，从三昧里起用智慧，起用智慧却始终在三昧的境地中演绎出来的一切。

什么是"法界实宝殿"呢？我们契入到心外无物的境地一看，如开头说的那样，这个三千大千世界是心外无物的同时，又是法界。

"如是"法界是实宝殿的另一个名称。如果没有实宝殿的庄严，就不能说是法界。

心外无物中展开万德就是实宝殿的庄严，这个时候能称为法界。

**兔角**

什么是庄严实宝殿
燕子在线上唱歌
留声机播出灵山曲

呵！

# 法 性 偈 15

穷坐实际中道床

旧来不动名为佛

**大圆禅师 开示**

那里就是本来故乡，是让人契入到那里的意思。

诸位，当契入到那里一看，并非是从别处找出来的，也并非是重新造作出来的，更不是坏掉而从新修复来的不是吗？本来就是这样圆成之处。

如此，当消除了一切业障后回过头一看，其实一点都没有消除。所谓的业障就是智慧。

我说过什么来着？昨天晚上的梦中之人，正因为不知道这是梦，所以是幻，如果知道这是梦而尽享梦中世界的话，那就不是幻。那是全知全能之能力展开的功德，也是华藏世界。

梦中不知是梦，以为是实相的世界，仿佛这是自性之外另外存在一般分成能所一看，成了幻和苦。

"穷坐实际中道床，旧来不动名为佛"。所谓"旧来不动名为佛"的意思就是，之前也说过，以智慧德相庄严就是法界一般，悟出自性并保任后到达究竟成佛地一看，消除的也没有，所谓烦恼妄想就是菩提智慧。

所以佛陀把八万大藏经说了整整49年，最后却说我一句话也没有说过。

即便是圣人也很难说自己一辈子呕心沥血说的法门最后却说一句话也没说。但是却"一句话也没说"，这句话来把自己说的49年的法门完全消除掉了。

今天有人问我，周边的人问自己修行达到了什么程度，我便告知让那个人这样说，"暂且不提修行不修行，我连一句，一划都不知道"。

但是这才是真话。我们现在虽然听法门修行，但是定慧双修后，最终达到和古佛一样境地的话，连一句话也不曾学过，一件事情也没有成就过。到了这个时候才称得上是真正悟出佛法的人。

以前，有僧问洞山禅师："三身之中，阿那身不坠众数？"师曰："吾常于此切。"

"旧来不动名为佛"的道理就是，问"三身之中，阿那身不坠众数？"时，师曰："吾常于此切。"的道理。通身"如是"境地的时候，才是"旧来不动佛"

还有一个故事，从前有位僧人，悟道后在其他地方都受到了印可，最后来到一位禅师处想得到印可，他说"我是怎么怎么悟的道，又在某某那里都得到了印可，希望您给予印可"。本以为可以得到印可，禅师却说"你确实是悟道的很好。悟也真悟了，证得也真的证得了，但不是。""但不是"这是什么意思呢？这是非常玄奥的话。

"悟也真悟了，证得也真的证得了，别处得到印可也很好，我却不能给予印可。"那么是没有悟道的意思吗？

"旧来不动名为佛"。我只说到这儿，不想再说破了。所以说，在座的各位真是有福之人。如人饮水冷暖自知。

契入到这个境地里，听到这样的法门而能点头肯定的诸位是有多福气啊！

诸位虽然能契入到这个境地，这些话多少可以接受，但是能达到"旧来不动名为佛"来结束法性偈的作者的境地，那又是完全不一样的境地。

因此，若能听懂"悟也真悟，证得也真证得而受的印可也很好，但不是"的道理，高兴地手舞足蹈的。

本次的修炼会到此结束，最后真心希望各位能达到这个境地。

**兔角**

哈。哈。哈。岂能有这样的话
石头汉子长笛声悠扬
玉女起舞如仙女。

# 21世纪，
# 人类要做的事情

# 21世纪，人类要做的事情

1962年，年仅26岁的我已经预见了21世纪人类即将要面临的公害问题和能源问题，并开始研究和开发代替能源（无限原动机、太阳能、波能、风能等等）和庭院农家法，而且也把这方面的必要性传播给周围的人。

也许当时太超前的原因，一般人根本不接受这个想法，甚至有的人还怀疑此人的佛法。但是到了现在，当时预见的事情成了现代社会最迫切需要解决的问题。

设立《沙漠化防止国际连带》[1]也是让大家引起共鸣。沙漠化防止是当前必须要解决的环境问题，也是拯救地球村的义不容辞的事情。《沙漠化防止国际连带》带头促进的沙漠化防止，地球草原化，代替能源开发是全人类同舟共济的事情。

第一件事情是关于沙漠化防止方面。众所周知，之前人们投入大量的人力、物力、财力实行"种树工程"治理沙漠是以失败

---

1) International Union to Prevent Desertification (IUPD).

而告终的。

因此本人在沙漠化防止的问题上提出了另外一种解决的方案。这就是《沙漠海水路工程》。

其原理是，在沙漠化的地方铺设管道，引海水以后种植抗盐分很强的植物，使其复原自然生态。

之前《种树工程》失败的最终原因还是绝对的缺水，所以本人提出的这个方案就是解决这方面问题的唯一的方法。

但是《沙漠化防止国际连带》的目的是防止沙漠的扩张，并不是消除所有的沙漠。如同人体心脏，是把所有的血液均匀的输送到各个部位一样，沙漠也像地球的心脏，起着重要作用。

因此21世纪，人类不仅防止沙漠的扩张，更应该研究怎样运用沙漠。

沙漠中铺设像围棋盘一样的，能控制水量的特殊管道。不管东、西、南、北，不管需要多少水量，需要多少面积，都可以控制它的降雨量。只有这样科学的方法来操作，才能把21世纪的地球村耕耘的更加美丽富饶。

第二件事情是关于地球草原化方面。通过三年的不断试验和研究终于找出了不需要太多精力、财力、物力也能把荒地短时间之内变成草原的一种植物。

这个植物就是"垂盆草"。这种植物不需要一颗一颗单独种植，而是用直升机或者专用飞机从空中撒出去，它也能靠它顽强的生命力扎根，生存。而且这种植物又能抗寒耐暑并有很强的繁殖力。

必将对绿化地球环境起着很重要的作用。

第三件事情是关于能源方面。本人从1962年就开始研究和开发代替能源，比如太阳能、波能、风能等等。现在很多本人提出过的方法正在应用当中。

这三件事情不是某个个人或某个国家完成的事情，应该动员全世界一起完成。首先从全世界设立一个共同基金，然后参加这个基金的国家通过这方面的系统直接受惠。

如果全世界的人们同舟共济一同完成这项计划，那么人类将会迎来有史以来最好的时代，认为事不关己互相推脱，那么这个世界定会面临非常可怕的灾难。

另外进入21世纪后，为了以防万一人类还需要研究的是，能够在大海里生活、耕耘。

当地球的温度不断的上升，空气的污染越来越严重，海水的高度也越来越高，人类居住的面积越来越小的时候，我们应该考虑和研究能在水中生存的技能。这项技术的研究，远比人类跑到另外一个星球生活更加现实，而且研究的费用也应该更加低廉。

如此这般，真正悟道的人应该是从理边上引导众生，让他们永生不灭，事边上比平常人更应该远瞻数百年，数千年引导他们才对。因为佛法的真正意义不能仅限于传授真理，更应该是为万人永乐而物心两面，理事一如的教化才行。

# 大圆文载贤传法禅师印可来历

# 大圆文载贤传法禅师印可来历

## 第一 悟道颂

此身运转是何物
疑端汩没三夏来
松头吹风其一声
忽然大事一时了

何谓青天何谓地
当体清净无边外
无内外中应如是
小分取舍全然无

一日于十有二时
悉皆思量之分别

古佛未生前消息

闻者即信不疑谁


　既是大圆文载贤传法禅师的恩师也是佛祖正脉的第77祖，曹
溪宗的田冈大禅师1962年任大邱桐华寺祖室[2]的时候，大圆文载
贤禅师也一同住在了桐华寺。

　一日，田冈大禅师把大圆禅师叫到跟前说了关于大圆禅师第
一悟道颂的想法："你的悟道颂可以证明真悟，但是一般的悟道
颂都是短的。"

　听了这句话后，大圆禅师背出了曾经路过金堤平野时，看到
夕阳的日月后立刻背过的第二悟道颂。


## 第二　悟道颂

日月两岭载同模

金提平野满秋色

不立大千之名字

夕阳道路人去来


　听完第二悟道颂的田冈大禅师没有至此停留，継续问，能否

---

2）寺院里的最高佛法者。田冈大禅师不仅是一位祖室还是传承了佛陀悟道之法的祖
　师。

当场背一首同样境地的颂。大圆禅师当下背起了下一首颂。

岩上在松风
山下飞黄鸟
大千无痕迹
月夜乱猿啼

听到头两句还是微微闭上眼睛的田冈大禅师，当听完后两句以后立刻睁开眼睛，脸上露出了喜悦之色。

但是田冈大禅师仍然没有就此止步的意思，继续问了下一个问题："僧众们把你叫到山上，其中法性(香谷和尚的法弟子真际)问你'达摩不识'的道理时，你说'露了'。如果你是当时的梁武帝，面对达摩大师的'不识'。你会怎么回答呢?"

大圆禅师回答说："如果我是梁武帝就说虽然所谓的圣人也没有，跟朕如是共享德华岂不更好?并会牵着他的手站起来。"

田冈大禅师非常感慨的说："何时达到了如此境地?"

"岂能说是达到?岂能说是具备?又岂能说是本来?只是如是而已。"

听完大圆禅师的回答，田冈大禅师难以掩饰欢喜之情。两人如同伯牙见到了钟子期[3]一样，喜气洋洋。

---

3) 伯牙是古代中国瑶琴的达人，是著名的瑶琴演奏家。但是真正能理解他的音乐的人只有好朋友－钟子期。钟子期死后，伯牙断琴弦再也没有演奏瑶琴。

关于"达摩不识"公案<sup>4)</sup>的问答是有过一段插曲的。被田冈大禅师召唤前几天的晚上，正值入禅时间，奇怪的是，禅房里除了几位老僧外，其他位子都是空空如也。

大圆禅师正在纳闷，门外有个僧侣悄悄做了一个出来的手势，然后对着耳朵说大部分的僧侣们都在后山上等着，叫他一起去，大圆禅师跟着年轻的僧侣进了山，来到山中一看，大概有20多位僧侣站在那儿等大圆禅师。

其中一位法性僧侣见到大圆禅师后，突然发问起来。

"说一下达摩不识公案。"

大圆禅师毫不犹豫的回答：

"露了。"

旁边的松庵和尚又问了岸树井藤公案。

"在这里，怎样才能活下来?"

大圆禅师立刻大声说：

"岸 树 井 藤。"

看到众僧侣都缄口无言，大圆禅师回头下了山。

第二天早饭结束后，明虚和尚把昨天晚上入禅时间无端旷课的事情开了大众会议，致使山中发生的事件才水落石出。

最终，入禅时间里旷课的僧侣们都穿着长衫，郑重的给田冈大禅师磕头谢罪。

田冈大禅师彻底验证了大圆禅师对"达摩不识"公案时所答的

---

4) 公案：话头。为了悟道，禅师的明示。提出疑问後让人们参究。

境地。

有了这种彻底验证的第二天，大圆禅师被田冈大禅师召唤过去，当时月山住持和尚也在场。在这种情况下田冈大禅师直接把传法偈传给了大圆禅师。

## 传法偈

佛祖未曾传
我亦何受授
此法二千年
广度天下人

田冈大禅师还让月山和尚当了印可[5]的证人，并叮嘱一直到2000年为止，不许让别人知道，如果不这样做，在以后的传法中会遇到很多的障碍。并说一定要注意身体，命令月山和尚让大圆禅师去桐华寺的布教堂-普贤寺去效力于布教上。

虽然把大圆禅师叫到山上问答过的众僧们都磕头谢罪过了，但田冈大禅师还是担心大圆禅师。所以急忙把结制中的大圆禅师送到普贤寺去了。

大圆禅师去普贤寺的当天，田冈大禅师把提前写好的付颂传

---

5) 印可：传承佛陀正脉之法的老师正式的印证弟子的悟道。

给了大圆禅师。付颂如下：

付 颂

不下御床对如是
后日石儿吹无孔
自此佛法满天下

以上偈颂里的第一句"不下御床对如是"也有小插曲。
以前大圆禅师拜田冈大禅师于郡山隐寂寺的时候，一天在庭院里不期而遇，有过以下的问答。
田冈大禅师问：
"道一下空寂的灵知。"
大圆禅师回答说：
"如是跟禅师对谈。"
"道一下灵知的空寂。"
"跟禅师对谈是如是。"
"什么是如是对谈之境地?"
"明王不下御床通天下。"
所以把大圆禅师这时回答时的境地，放在了付颂的第一句。
纵观田冈大禅师在印可大圆禅师的整个过程，一次，两次，三次，不停的确认，验证。不得不让我们佩服一代宗师的明眼智慧，又不得不赞叹大圆传法禅师至始至终，没有丝毫的犹豫而明澈的回答。

两位禅师以法喜建起的境地仿佛就在眼前，让大家无不欢喜雀跃。

至此跟田冈大禅师约定的2000年代已经到来，所以在这里大圆文载贤传法禅师明示了从田冈大禅师那里传承下来的传法偈。

至此，镜虚、万空、田冈大禅师延续下来的近代正法火种，如田冈大禅师的预言，定将在这时代布满全天下。

부록 3
Appendix 3
附录3

# 불조정맥
# Dharma Lineage of the Buddha and Patriarchs
# 佛祖正脉

불조정맥 / Dharma Lineage of the Buddha and Patriarchs / 佛祖正脉

| 🪷 인 도 | 🪷 India | 🪷 印 度 |
|---|---|---|
| 교조 석가모니불 | Sakyamuni Buddha | 教祖 释迦牟尼佛 |
| 1조 마하가섭 | 1st Mahakasyapa | 1祖 摩诃迦叶 |
| 2조 아난다 | 2nd Ananda | 2祖 阿难陀 |
| 3조 상나화수 | 3rd Sanakavasa | 3祖 商那和修 |
| 4조 우바국다 | 4th Upagupta | 4祖 优波鞠多 |
| 5조 제다가 | 5th Dhritaka | 5祖 堤多迦 |
| 6조 미차가 | 6th Michaka | 6祖 弥遮迦 |
| 7조 바수밀 | 7th Vasumitra | 7祖 婆须密 |
| 8조 불타닌제 | 8th Buddhanandi | 8祖 佛陀难堤 |
| 9조 복타밀다 | 9th Buddhamitra | 9祖 伏驮密多 |
| 10조 파율습박(협) | 10th Parsva(Xie) | 10祖 波栗湿缚(胁) |
| 11조 부나야사 | 11th Punyayasas | 11祖 富那夜奢 |
| 12조 아나보리(마명) | 12th Asvaghosa(Maming) | 12祖 阿那菩堤(马鸣) |
| 13조 가비마라 | 13th Kapimala | 13祖 迦毗摩罗 |

| | | |
|---|---|---|
| 14조 나가르주나(용수) | 14th Nagarjuna(Longshu) | 14祖 那阏罗树那(龙树) |
| 15조 가나제바 | 15th Kanadeva | 15祖 迦那堤波 |
| 16조 라후라타 | 16th Rahulata | 16祖 罗睺罗陀 |
| 17조 승가난제 | 17th Sanghanandi | 17祖 僧伽难提 |
| 18조 가야사다 | 18th Gayasata | 18祖 迦耶舍多 |
| 19조 구마라다 | 19th Kumarata | 19祖 鸠摩罗多 |
| 20조 사야다 | 20th Jayata | 20祖 闍夜多 |
| 21조 바수반두 | 21st Vasubandhu | 21祖 婆修盘头 |
| 22조 마노라 | 22nd Manorhita | 22祖 摩拿罗 |
| 23조 학륵나 | 23rd Haklenayasas | 23祖 鹤勒那 |
| 24조 사자보리 | 24th Aryasimha | 24祖 师子菩提 |
| 25조 바사사다 | 25th Basiasita | 25祖 婆舍斯多 |
| 26조 불여밀다 | 26th Punyamitra | 26祖 不如密多 |
| 27조 반야다라 | 27th Prajnatara | 27祖 般若多罗 |
| 28조 보리달마 | 28th Bodhidharma | 28祖 菩提达摩 |

| | | |
|---|---|---|
| ✸ 중 국 | ✸ China | ✸ 中 国 |

| | | |
|---|---|---|
| 29조 신광 혜가 | 29th Shenguang Huike | 29祖 神光 慧可 |
| 30조 감지 승찬 | 30th Jianzhi Sengcan | 30祖 鉴智 僧璨 |
| 31조 대의 도신 | 31st Dayi Daoxin | 31祖 大医 道信 |
| 32조 대만 홍인 | 32nd Daman Hongren | 32祖 大满 弘忍 |
| 33조 대감 혜능 | 33rd Dajian Huineng | 33祖 大鉴 慧能 |

| | | |
|---|---|---|
| 34조 남악 회양 | 34th Nanyue Huairang | 34祖 南岳 怀让 |
| 35조 마조 도일 | 35th Mazu Daoyi | 35祖 马祖 道一 |
| 36조 백장 회해 | 36th Baizhang Huaihai | 36祖 百丈 怀海 |
| 37조 황벽 희운 | 37th Huangpi Xiyun | 37祖 黄檗 希云 |
| 38조 임제 의현 | 38th Linji Yixuan | 38祖 临济 义玄 |
| 39조 흥화 존장 | 39th Xinghua Cunjiang | 39祖 兴化 存奖 |
| 40조 남원 혜옹 | 40th Nanyuan Huiyong | 40祖 南院 慧顒 |
| 41조 풍혈 연소 | 41st Fengxue Yanzhao | 41祖 风穴 延沼 |
| 42조 수산 성념 | 42nd Shoushan Shengnian | 42祖 首山 省念 |
| 43조 분양 선소 | 43rd Fenyang Shanzhao | 43祖 汾阳 善昭 |
| 44조 자명 초원 | 44th Ciming Chuyuan | 44祖 慈明 楚圆 |
| 45조 양기 방회 | 45th Yangqi Fanghui | 45祖 杨岐 方会 |
| 46조 백운 수단 | 46th Baiyun Shouduan | 46祖 白云 守端 |
| 47조 오조 법연 | 47th Wuzu Fayan | 47祖 五祖 法演 |
| 48조 원오 극근 | 48th Yuanwu Keqin | 48祖 圆悟 克勤 |
| 49조 호구 소륭 | 49th Huqiu Shaolong | 49祖 虎丘 绍隆 |
| 50조 응암 담화 | 50th Yingan Tanhua | 50祖 应庵 昙华 |
| 51조 밀암 함걸 | 51st Mian Xianjie | 51祖 密庵 咸杰 |
| 52조 파암 조선 | 52nd Poan Zuxian | 52祖 破庵 祖先 |
| 53조 무준 사범 | 53rd Wuzhun Shifan | 53祖 无准 师范 |
| 54조 설암 혜랑 | 54th Xueyan Huilang | 54祖 雪岩 慧郎 |
| 55조 급암 종신 | 55th Jian Zongxin | 55祖 及庵 宗信 |
| 56조 석옥 청공 | 56th Shiwu Qinggong | 56祖 石屋 清珙 |

| 한 국 | Korea | 韩 国 |
|---|---|---|
| 57조 태고 보우 | 57th TaeGo BoU | 57祖 太古 普愚 |
| 58조 환암 혼수 | 58th HwanAm HonSu | 58祖 幻庵 混修 |
| 59조 구곡 각운 | 59th GuGok GagUn | 59祖 龟谷 觉云 |
| 60조 벽계 정심 | 60th ByeokGye JeongSim | 60祖 碧溪 净心 |
| 61조 벽송 지엄 | 61st ByeokSong JiEom | 61祖 碧松 智俨 |
| 62조 부용 영관 | 62nd BuYong YeongGwan | 62祖 芙蓉 灵观 |
| 63조 청허 휴정 | 63rd CheongHeo HyuJeong | 63祖 清虚 休静 |
| 64조 편양 언기 | 64th PyeonYang EonGi | 64祖 鞭羊 彦机 |
| 65조 풍담 의심 | 65th PungDam UiSim | 65祖 枫潭 义谌 |
| 66조 월담 설제 | 66th WolDam SeolJe | 66祖 月潭 雪霁 |
| 67조 환성 지안 | 67th HwanSeong JiAn | 67祖 唤醒 志安 |
| 68조 호암 체정 | 68th HoAm CheJeong | 68祖 虎岩 体净 |
| 69조 청봉 거안 | 69th CheongBong GeoAn | 69祖 青峰 巨岸 |
| 70조 율봉 청고 | 70th YulBong CheongGo | 70祖 栗峰 青杲 |
| 71조 금허 법점 | 71st GeumHeo BeopCheom | 71祖 锦虚 法沾 |
| 72조 용암 혜언 | 72nd YongAm HyeEon | 72祖 龙岩 慧言 |
| 73조 영월 봉율 | 73rd YeongWol BongYul | 73祖 咏月 奉律 |
| 74조 만화 보선 | 74th ManHwa BoSeon | 74祖 万化 普善 |
| 75조 경허 성우 | 75th GyeongHeo SeongU | 75祖 镜虚 惺牛 |
| 76조 만공 월면 | 76th ManGong WolMyeon | 76祖 满空 月面 |
| 77조 전강 영신 | 77th JeonGang YeongSin | 77祖 田冈 永信 |
| 78대 대원 문재현 | 78th DaeWon Moon JaeHyeon | 78代 大圆 文载贤 |

# 가슴으로 부르는 불심의 노래
## Songs of Devotion
### 佛心之歌

여기에 실린 것들은 모두 대원 문재현 선사님께서 직접 작사하신 곡들이다. 수행의 길로 들어서게끔 신심, 발심을 북돋아주는 곡으로부터 수행의 길로 접어든 이의 구도의 몸부림이 담겨있는 곡, 대승의 원력을 발해서 교화하는 보살의 자비심과 함께 낙원세계를 누리는 풍류를 그려놓은 곡까지 가사 한마디, 한마디가 생생하여 그 뜻이 뼛속 깊이 새겨지고 그 멋에 흠뻑 취하게 된다. 대원 문재현 선사님께서는 거칠고 말초적인 요즘의 노래를 듣고 이러한 정서를 순화시키고자, 또한 수행의 마음을 진작시키고자 하는 뜻에서 이 곡들을 작사하셨다.

The lyrics of all the following songs were composed by Zen Master DaeWon. The songs arouse devotion and faith to get into the way of practice, contain the exertion of seeking the Truth, describe Bodhisattvas' mercy on all beings and show the stage of enjoying bliss. The songs will give people vivid impressions and entertainment which provocative and superficial songs from popular culture cannot contain. Zen Master DaeWon hopes that all listeners' minds can be purified, so that they would enter the road to enlightenment and be encouraged to keep going.

这里面的歌都是大圆文载贤禅师亲自作词的歌曲。有刚踏上修行之路的人给与发心、信心的歌曲,有正在修行路上求道艰辛的歌曲,有发出大乘的愿力教化的歌曲,有一起享有大自在的歌曲,每一句都是那么生动,那么让人陶醉。大圆文载贤禅师听了近来粗糙而轻浮的歌曲后为了稳定情绪和鼓励修行的心灵而写了这些歌词。

# 소중한 삶

작사 문재현
작곡 배신영
노래 홍노경

여기에 실린 것들은 모두 대원 문재현 선사님께서 직접 작사하신 곡들이다. 수행의 길로 들어서게끔 신심, 발심을 북돋아주는 곡으로부터 수행의 길로 접어든 이의 구도의 몸부림이 담겨있는 곡, 대승의 원력을 발해서 교화하는 보살의 자비심과 함께 낙원세계를 누리는 풍류를 그려놓은 곡까지 가사 한마디, 한마디가 생생하여 그 뜻이 뼛속 깊이 새겨지고 그 멋에 흠뻑 취하게 된다. 대원 문재현 선사님께서는 거칠고 말초적인 요즘의 노래를 듣고 이러한 정서를 순화시키고자, 또한 수행의 마음을 진작시키고자 하는 뜻에서 이 곡들을 작사하셨다.

　The lyrics of all the following songs were composed by Zen Master DaeWon. The songs arouse devotion and faith to get into the way of practice, contain the exertion of seeking the Truth, describe Bodhisattvas' mercy on all beings and show the stage of enjoying bliss. The songs will give people vivid impressions and entertainment which provocative and superficial songs from popular culture cannot contain. Zen Master DaeWon hopes that all listeners' minds can be purified, so that they would enter the road to enlightenment and be encouraged to keep going.

　这里面的歌都是大圆文载贤禅师亲自作词的歌曲。有刚踏上修行之路的人给与发心、信心的歌曲，有正在修行路上求道艰辛的歌曲，有发出大乘的愿力教化的歌曲，有一起享有大自在的歌曲，每一句都是那么生动，那么让人陶醉。大圆文载贤禅师听了近来粗糙而轻浮的歌曲后为了稳定情绪和鼓励修行的心灵而写了这些歌词。

# 소중한 삶

작사 문재현
작곡 배신영
노래 홍노경

 Precious Life

1. Making most of the precious days
   if we live, spreading love
   life is not all sorrow.
   If in harmony, with a pleasant gaze and tender words
   to overcome troubles encouragement we give
   a promise for better days to come.

2. Eternal happiness, the Dharma of the Buddha
   working to restore
   certain for a brighter life, a better day.
   If, embracing one another with a peaceful heart and happy words
   to live a more pious life we work
   a promise for eternal happiness in days to come.

 宝贵的人生

1. 珍惜宝贵的日子
   付出慈爱而生活
   人生不仅仅是苦海
   温暖的眼神温柔的语言融在一起
   彼此激励中克服困难的人生
   岂不是约定善业、好日子吗

2. 佛法是为了恢复永恒和
   幸福的人生而努力的路
   我们的人生前途会光明的
   善良的心善良的语言来包容
   生活中实践佛法
   岂不是约定永恒幸福的人生吗

# 염원의 노래

작사 문재현
작곡 배신영
노래 홍노경

느리게

328

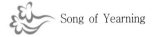 Song of Yearning

In the past, the distant past, the place I lived is covered with weeds
the pond and gazebo nowhere to be seen.
I close my eyes as the sun sets red
and promise to awake this transient life.

The one Eternal Thing that all people have
the sand in an oyster becomes a pearl
so the smile which bears our troubles does.
Let us live with this hope that this becomes our prize.

The blossoming flowers is the heart of the Buddha
peace in everyplace is his eternal vow.
Everywhere in the universe is the paradise of our mind.
Let us sing the song of this holy wish.

 念愿歌

何时不知是何时我生活的这地方
被杂草掩盖的莲花池和楼台在何处啊
闭上眼睛站在深深的晚霞中
发誓叫醒众生们虚幻的人生

永恒的一物是每个人都本来持有的
沙粒变成珍珠一样
以微笑忍耐今天的苦恼
成就宝贝的希望生活吧

开花华丽是佛陀的心
各地的和平是佛陀万劫的誓愿
宇宙法界一切是本性的乐园
以歌声传承神圣的愿望成就

# 발심가

작곡 배신영
노래 홍노경

보사노바

우-리네 한 세상- 보람찬 삶-으로-
참-나를 깨 달아- 보림을 하-고요-
본-연-한 몸의- 능력을 베-풀어-
눈-깜박하 는새- 한세상 다-가고-

바 꾸기 위-하여- 닦아들 봅-시 다-
자 비심 발-하여- 구 제길 나-서서-
극-락 세-계- 장엄을 하-구요-
부 귀와 공-명은- 잠시의 꿈-이라-

청 춘-홍 안이- 얼 마나 길-던 가-
중 생들 세 계에- 고 통을 없-애어-
동-실-두 둥실- 누 리기 위-하여-
이 러한 되 풀이- 금 생에 끝-내어-

꿈 꾸는 사-이에- 백 발이 된-다네-
극 락이 되-도록- 최선을 다-하세-
오 늘의 어-려움- 극복을 해-내세-
윤 회의 사슬에서- 벗 어나 납-시다-

1-2절 D.C
3-4절

330

 The Mind of the Tao

1. To change our life into that worthwhile
   for that end we practice and we try
   just how long are those years of youth
   we awaken from a dream with grey hairs.

2. Awaken to True Self, cultivate over time
   put forth the heart of compassion, to save all beings
   take away the suffering in the world
   until the Pure land all effort let us put forth.

3. Spread the abilities of the Original Body
   put forth the Pure Land
   to enjoy, walking on a cloud
   let us overcome the difficulties of today.

4. In the blink of an eye a life goes by
   wealth and fame pass like a dream
   in this life put an end to this endless cycle
   let's break these chains of samsara.

 发心歌

1. 为了把我们的一生变成幸福美满的生活
   大家一起来修行吧
   青春的红颜有多长
   做梦之间就会成白发
3. 发挥本然之体的能力
   庄严极乐世界
   为了自由自在享有
   克服现在的困难吧

2. 悟出真我保任后
   发出慈悲心踏上救济的路
   消除众生界的一切痛苦
   使其成为极乐世界而付出一切吧
4. 一眨眼就过了这辈子
   富贵和功名也是短暂的梦
   这种重复今生了断
   轮回的锁链中解脱出来吧

# 보살의 마음

작사 문재현
작곡 배신영
노래 홍노경

느리게

 Bodhisattva's Mind

1. Like a leaf carried by the stream, our life
   with the compassion only to save such.
   People see what they want say what they want,
   As if not listening, not worrying, only striving.
   Clearly open the correct eye, the honest heart
   The heart waiting for that day.

2. Life a leaf carried by the stream, our life
   with the compassion only to save such.
   Though they are blind and deaf,
   Like an ox, like an elephant with all the strength.
   Wisdom's eye, wisdom's heart open wide
   The heart waiting for that day.

 菩萨的心

1. 随波逐流的落叶一样的人生
   为了解救而一起跟随的慈悲
   各自的眼睛看什么说什么
   装听不见装不知道一样尽一切努力
   痛快的打开正眼正心吧
   啊~等待那一天的到来

2. 随波逐流的落叶一样的人生
   为了解救而一起跟随的慈悲
   虽然耳聋眼瞎的众生
   黄牛一样地藏一样尽一切努力
   痛快的打开慧眼 慧心吧
   啊~等待那一天的到来

# 성중성인 오셨네

(초파일노래)

작사 문재현
작곡 배신영
노래 홍노경

음력 사월 초 - 파일은 - 온 누 리의 제 - 일이신 - 성 중
음력 사월 초 - 파일은 - 온 누 리의 제 - 일이신 - 성 중

성 인- 부 처 님이 - 이 땅 위에 오 - 신 - 날 - 괴 로
성 인- 부 처 님이 - 이 땅 위에 오 - 신 - 날 - 너 를

움 을 낙원 으 - 로 - 어 두 움을 - 광 명 으 - 로 바 꾸
알 란 그가 르 - 침 - 펼 치 려고 - 오 심 이 - 니 자 아

려 - 는 숙 - 원 - 을 시 작 하 신 날 - 너 나 없 이 모 두
완 - 성 이 룩 - 해 우 리 이 땅 - 이 대 로 를 낙 원

함 께 - 경 축 하 세 모 두 함 께 경 축 하 - 세 - 모 두
으 로 - 누 려 보 세 낙 원 으 로 누 려 보 - 세 -

함 께 경 축 하 - 세 -

334

A Sage among Sages Comes

1. The eighth day of the fourth month
   Is the finest in the world
   A sage among sages, Sakyamuni Buddha
   The day he came to the world
   Suffering to peace
   Darkness into light
   The desire to change this for all
   The day this started
   There is no you nor me
   Let us all rejoice.
   Let us all rejoice.

2. The eighth day of the fourth month
   Is the finest in the world
   A sage among sages, Sakyamuni Buddha
   The day he came to the world
   The teaching to know oneself
   To spread it he came
   and perfect himself
   This world, just as it is
   Let's enjoy this paradise.
   Let's enjoy this paradise.

 圣中圣人到来了（释迦牟尼诞生日歌）

1. 阴历四月初八是
   全宇宙的主宰者
   圣中圣人佛陀
   来到这片土地的日子
   悲伤变成乐园
   黑暗变成光明的
   这个夙愿开始的日子
   都一起庆祝吧
   都一起庆祝吧

2. 阴历四月初八是
   全宇宙的主宰者
   圣中圣人佛陀
   来到这片土地的日子
   为了让我们悟出本性
   来到了这里展开了教化
   成就自我完成后
   把这片土地本身
   成为乐园而享有吧 成为乐园而享有吧

# 우리네 삶, 고운 수로

작사 문재현
작곡 배신영
노래 채연희

어리어리 어-우리 우리함께 사랑하며
어리어리 어-우리 남녀노소 식구처럼
어리어리 어-우리 남녀노소 식구처럼

어 울려 노 래와 춤으로 나-
어 울려 나 누는맘으로 나-
어 울려 나 누는맘으로 나-

어리어리 어-우리
어리어리 어-우리
어리어리 어 우리

우리네삶 고운수로 꾸 며가세 세
우리네삶 고운수로 꾸 며가세
우리네삶 고운수로 꾸 며가세

Fine

 Let's Weave a Beautiful Life

1. Ohri, Ohri, Ohohri
   In love and harmony we sing and dance
   Ohri, Ohri, Ohohri
   Let's weave a beautiful life.

2. Ohri, Ohri, Ohohri
   Men and women all like family sharing
   Ohri, Ohri, Ohohri
   Let's weave a beautiful life.

 我们的人生编织成美丽的锦绣

1. 一起一起在一起
   我们大家互爱一起歌舞吧
   一起一起在一起
   我们的人生编织成美丽的锦绣吧

2. 一起一起在一起
   男女老少如同家人融在一起以分享的心
   一起一起在一起
   我们的人生编织成美丽的锦绣吧

# 사 색

작사 대원 문재현
작곡 배신영

조 용 － 히 눈 － 감 고 － 서　참 － 나 를 살 펴 － 봐　요
조 용 － 한 사 － 색 으 － 로　깨 － 달 아 살 펴 － 보　면

갖 은 생 각　모 든 행 이　이 로 좇 아 있 건 만 －　은
온 갖 지 혜　모 든 덕 이　이 로 좇 아 있 － 음 －　에

색 깔 도 모 양 도 없 어　알 － 고 파 서　사 색 일 세 모 든 걸 내 려 놓 고 －
그 능 력 베 풀 고 펼 처　누 － 리 려 고　수 행 일 세 모 두 를 다 비 우 고 －

쉬 는 시 간 사 색 으 로　한 걸 음 또 한 걸 음 다 가 서 는 노 력 다 해　기 어 이 성 취 하 여
님 의 자 취 따 름 으 로　한 걸 음 또 한 걸 음 극 락 세 계 다 가 가 서　기 어 이 성 취 하 여

낙 원 의 － 삶 － 누 리 려　네
너 나 없 － 이 － 누 려 보　세

338

 Contemplation

1. Close eyes and ponder True Self.
   All thoughts and deeds come from here
   with no forms, no colors but to know
   only contemplate.
   Put everything down, while resting ponder
   to reach this place, all efforts put forth
   to arrive in paradise, to live and enjoy.

2. Quietly contemplate, examine True Self.
   All wisdoms and virtue come from here
   The abilities a gift, to spread and enjoy
   only cultivate.
   Put everything down and follow in the steps of those before
   step by step in the Pure land to arrive
   no self, no others simply One to enjoy.

 思索

1. 静静地闭上眼睛观真我吧
   各种念和一切行为都从这里开始
   却没模样没颜色因此想知道这个而思索
   放下一切在休息中的思索
   一步又一步想走近而精心努力
   一定要达到彼岸 享有乐园的人生

2. 静静地思索而悟道后观照
   一切智慧和所有的德从这里开始
   为了发挥这个能力并享受而修行
   空出一切 跟随您的踪迹
   一步又一步走近极乐世界
   一定要达到彼岸 你我都享有吧

# 천부경을 아시나요

작사 대원 문재현
작곡 배신영

우리조상 깊 — 은진리 천부경을아시나 요
바른진리 깨 — 달아서 이세상을바로봐 요

여든 — — 한 — 자속에누 리의 — 온이 — 치 — 를
마음 — — 의 능 — 력으로펼 쳐놓은장엄 — 이 — 라

남김없이 — 담으셨 — 네 — 필부의사내 — 라 도
화려하고 — 아름답 — 네 — 이땅인이대 — 로 가

마음을 — 갈고닦 — 아 영원 한참 — 나 께 — 쳐
낙원의 — 세계이 — 니 노래와춤 — 으로 — 써

환인 — 큰은혜에 보 답 — 해사 — 세
어깨 — 동무하고 영 원 — 히사 — 세

 Do You Know *Cheonbugyeong*

1. Do you know *Cheonbugyeong*, the profound Truth of our ancestors?
   In eighty one letters, the Truth of the universe can all be found within.
   Let us all cultivate our minds – and awaken True Self.
   Ancestors debts repaid, we live in peace.

2. Awaken to the Truth then look at this world.
   Through the abilities of mind the world unfolds in beauty.
   Paradise is this world, as it is.
   Sing and dance in eternal harmony together, we live in peace.

 知道天符经吗

1. 知道祖先的深奥真理天符经吗
   81字涵盖了宇宙的一切道理
   即使是匹夫男儿也要修心悟出永恒的真我
   报答桓因的大恩惠中生活吧

2. 悟出真正的真理 正确的看这个世界吧
   心的能力展开的庄严，宏伟而美丽
   此土本身是乐园的世界
   歌舞为伴永恒的生活吧

# 우란분재일

작사 문재현
작곡 배신영
노래 채연희

Trot in4 (double beat) ♩= 134

A

B

우 란분 재 맞-이 해 서  대자대비-부처-님 을
정 성어 린 마-음으 로  이고득락-비옵-나 니

이 자-리 에 청해모 셔  다생부모 왕생극 락
세 상-애 착 모두끊 고  부처님의 그세상 에

정성다 한 맘입니 다  지혜 짧 아 못-미-처 서
나시기 만 원합니 다  다생 겁 에 경-험-하 신

중한은혜 입-고서 도  보은보 답 못하고 서
부질없는 몸-종노 룻  그허망 을 떨침만 이

이생까 지 이-른것 을  머리-숙 여 부처님 께
윤회고 를 벗-어나 는  길이-오 니 그리되 길

참 회합 니-  다  참 회-합 니-  다
비 옵나 이-  다  비 옵-나 이-  다

Fine

342

 Ullambana[6)]

1. On the day of Ullambana, the day to pay respects to Buddha,
   We pay our utmost respects to our ancestors and
   pray that all of those who have come before us,
   who have given birth to us, who we are indebted to,
   that they all may return to paradise.
   We cannot possibly repay these debts even if we gave our life.
   So with humility we bow our heads and repent of our shortcomings.

2. With this sincere heart we pray they may leave suffering
   and have peaceful bliss
   that worldly attachment may be released,
   that they may all be free.
   Being enslaved to the body for countless kalpas,
   liberation is the only way to be freed from samsara.
   For this we pray.

---

6) Ullambana is a Buddhist ceremony that symbolizes the transferring of
   one's own merit to the benefit of departed souls and this is done
   through donations, prayer and ritual. The history of this ceremony
   began when the mother of one of Buddha's disciples (the Venerable
   Maudgalyayana) passed away. She committed many evil deeds and fell
   into hell, but through the sincere devotion and prayer of the Venerable
   Maudgalyayana, as well as through the power of Buddha's enlightenment,
   she was rescued from the severe suffering. So it was said that on the
   15th day of the 7th lunar month all of the Buddhas and Bodhisattvas all
   together rescue the deceased, whose evil deeds have lead them into
   suffering.

## 盂兰盆斋

1. 迎接盂兰盆斋之际，盛请大慈大悲的佛陀于此地
   为多生父母能往生极乐而虔诚祈祷
   虽然受到了重恩，因智慧短浅
   没有报恩报答之中来到了此生的这个错误
   低头向佛陀忏悔。忏悔。

2. 虔诚的心祈求离苦得乐
   断掉世间的一切执着，唯独许愿出生在佛陀的世界
   多生累劫中虚妄的身奴
   只有消除这个虚妄才是超脱轮回之苦
   祈愿成就。成就。

# 역자 소개
## Introduction to Translators
## 译者介绍

## ✈ 역자 소개

* **영어 번역 - 원광(圓光) 에린 마이클 레거(Eryn Michael Reager)**

1972년 출생

오레곤 의대 간호학과 졸업

현재 미국 군의관으로 재직중

영역 : 불조정맥, 화두, 백팔참회문, 실증설5개국어판, 누구나 궁금한 33
가지 3개국어판, 달마의 일할도 허락지 않는다 3개국어판


* **중국어 번역 - 천명(天明) 홍군표(洪軍彪)**

1973년 출생

1993년 길림성 장춘시 송화강 외국어대학 졸업, 한국어와 일어 전공

2000년 하남성 여유그룹회사에서 5년간 가이드로 재직

2005년~2010년 경명여행사 창업. 대표로 활동

현재 불교책 번역과 홍보활동.

중역 : 불조정맥, 화두, 백팔참회문, 실증설5개국어판, 누구나 궁금한 33
가지 3개국어판, 달마의 일할도 허락지 않는다 3개국어판

# ❧ Translators Introduction

## * English translation - WonGwang Eryn Michael Reager

Born 1972

Graduated with a BSN from Oregon Health and Science University

Presently an officer in the US Army Nurse Corps

English translation : *Dharma Lineage of the Buddhas and Patriarchs, Hwadu, The 108 Recitations of Repentance, Experience of Reality, 33 Questions, Not Even Bodhidharma's One Shout*

## * Chinese translation - CheonMyeong Hong JunBiao

Born August 12th 1973

1993 Grandauted SongHuanJiang Foreign Studies University majored in Korean and Japanese

2000 Tour guide for Yeoyu Group in Hanamseong

2005 to 2010 Founded and managed Gyeongmyeong Travel Agency

Currently working on translating and promoting Buddhist books

Chinese translation : *Dharma Lineage of the Buddhas and Patriarchs, Hwadu, The 108 Recitations of Repentance, Experience of Reality, 33 Questions, Not Even Bodhidharma's One Shout*

# 翻译者 绍介

**\* 中文翻译 – 天明 洪军彪**

1973年 出生

1993年 毕业于吉林省长春松花江外国语学院。专攻 ：韩国语 日语

2000年 开始在河南省旅游集团从事5年的导游工作

2005年~2010年自主经营河南省景明旅行社

韩译中的书有　佛祖正脉、话头、108忏悔文、实证说5国语版、所有人困惑的33个疑问3国语版、达摩的一喝也不允许3国语版

**\* 英文翻译 – 圆光 艾琳·麦克雷格(Eryn Michael Reager)**

1972年 出生

毕业于Oregon医大学 看护专业

现就职于美国军医官

韩译英的书有　佛祖正脉、话头、108忏悔文、实证说5国语版、所有人困惑的33个疑问3国语版、达摩的一喝也不允许3国语版

도서출판 문젠의 번역도서
Translation Series by Moonzen Press
Moonzen飜譯书籍

· 불조정맥(佛祖正脈) – 한영중 3개국어판

불조정맥은 석가모니불로부터 현 78대에 이르기까지 불조정맥진영(佛祖正脈眞影)과 정맥전법게(正脈傳法偈)를 온전하게 갖춘 최초의 불조정맥서이다. 대원 문재현 선사님이 다년간 수집, 정리하여 기도와 관조 끝에 완성한 '불조정맥'을 3개국어로 완역하였다.

· *Dharma Lineage of the Buddhas and Patriarchs*
— Korean - English - Chinese Edition

*The Dharma Lineage of the Buddhas and Patriarchs* is the first complete compilation of the portraits and Dharma Transmission Gathas of all the Buddhas and Patriarchs from Sakyamuni Buddha to the 78th Patriarch. Collected and compiled over many years and completed through meditation and prayer by Zen Master DaeWon Moon JaeHyeon. It is a significant book that will help people all over the world to appreciate the quintessence of Buddhist Dharma and feel the essence of the Buddhas and Patriarchs.

· 佛祖正脉 – 韩英中3国语版
《佛祖正脉》是从教主释迦牟尼到现第78代为止，把佛祖正脉真影和正脉传法偈保存的最完整的一本书。是大圆文载贤禅师多年的搜集整理，及观行和祈祷之下所完成。

· 백팔진참회문(百八眞懺悔文) - 한영중 3개국어판

'백팔진참회문'은 부처님의 십계를 위주로 구성한 108 항목의 참회문이다. 모든 이들이 108참회문을 통해 108참회를 하여 전생과 금생의 모든 악연을 벗어나 소망하는 삶을 살고 구경에 성불하기를 바라는 뜻에서 대원 문재현 선사님이 찬술하였다.


· *The 108 Recitations of Repentance*

— Korean - English - Chinese Edition

*The 108 Recitations of Repentance* is the recitations of the 108 prayers which are based on the Ten Precepts of the Buddha, written by Zen Master DaeWon Moon JaeHyeon. Through the 108 recitations, all people may become free from the harmful affinities of the past and present lives and attain supreme Buddhahood through practicing *the 108 Recitations of Repentance*.


· 108真忏悔文 - 韓英中3国語版

《108真忏悔文》主要以佛的十戒为主来构成。

衷心的希望诸位通过诵读《108真忏悔文》消除前生所有的恶缘后，心想事成，功德无量终究成佛。这就是大圆文载贤禅师编撰的目的。

· 화두(話頭) - 한영중 3개국어판

 『화두』는 대원 문재현 선사의 평생 선문답
의 결정판이다. 생생하게 살아있는 선(禪)
을 한·영·중 3개국어로 만날 수 있다.

· *Hwadu* — Korean - English - Chinese Edition

*Hwadu* is the most authoritative edition of Zen questions and
answers by *JeonBeop* Zen Master DaeWon Moon JaeHyeon.
Through *Hwadu* one may encounter the living Zen of the
Korean Buddhism.

· 话头 - 韓英中3国語版

《话头》是大圆文载贤禅师平生禅问答的精简版。通过《话头》能看
到，活灵活现的韩国禅。

· 실증설(實證說) – 한영불서중 5개국어판

대원 문재현 선사가 2010년 2월 14일 구정을 맞이하여 불자들에게 불법의 참뜻을 보이기 위해 홀연히 펜을 들어 일시에 써내려간 『실증설』. 실증한 이가 아니고는 설파할 수 없는 도리를 보아 실증하기를…

· *Experience of Reality*

— Korean - English - French - Spanish - Chinese Edition

On the Lunar New Year 2010, Zen Master DaeWon wrote this book *Experience of Reality*, in the hope that readers may realize themselves and awaken to the Truth.

· 实证说 – 韓英法西中5国語版

大圆文载贤禅师在迎接2010年新春之际，为了众多佛子面前明示佛法，忽然提起笔一口气写下来的《实证说》。希望各位通过这本书，看到佛法的真义而实证。

· 누구나 궁금한 33가지 - 한영중 3개국어판

21세기의 인류를 위해 모든 이들이 가장 어렵고 궁금해 하는 문제, 즉 삶과 죽음, 종교와 진리에 대한 바른 지표를 제시하고자 대원 문재현 선사가 집필하여 출간하였다.


· *33 Questions*

— Korean - English - Chinese Edition

The difficult questions of life, death, religion and truth revisited for the sake of the audience of the 21st century, written and published by Zen Master DaeWon.


· 所有人困惑的33个疑问 - 韓英中3国語版

为了21世纪的人类，正确的阐述所有人都困惑的问题，也就是生与死、宗教与真理，大圆文载贤禅师亲自执笔完成了写作并出版了这本书。

· 달마의 일할도 허락지 않는다 - 한영중 3개국어판

대원 문재현 선사의 짧고 명쾌한 법문집인
『달마의 일할도 허락지 않는다』가 한글, 영
어, 중국어 3개국어로 출간되었다. 전세계
에서 유일하게 활선의 가풍이 이어지고 있
는 한국, 그 가운데에서도 불조의 정맥을
이은 대원 문재현 선사가 살활자재한 법문
을 세계로 전하고 있는 책이다.

· *Not Even Bodhidharma's One Shout*
— Korean - English - Chinese Edition

The Dharma lecture of Zen Master DaeWon which expresses
living Zen is published in one volume written in Korean, English,
and Chinese. Korean Buddhism is unique in the respect that
there are masters who teach living Zen. Master DaeWon is
introducing this vibrant tradition to the world in his book.

· 《达摩的一喝也不允许》 - 韓英中3国語版

大圆文载贤禅师的，简要而明快的法门集－《达摩的一喝也不允
许》，出版成韩·英·中，三国语版了。放眼全世界，韩国是唯一延
续了看话禅的宗风。这本书是，传承佛祖正脉的，大韩民国的大圆文
载贤禅师，向全世界传播杀活自在法门的书籍。

# 도서출판 문젠(Moonzen)의 책들

## 1~5. 바로보인 전등록 (전30권을 5권으로)

7불과 역대 조사의 말씀이 1,700공안으로 집대성되어 있는 선종 최고의 고전으로, 깨달음의 정수가 살아 숨쉬도록 새롭게 번역되었다.

464, 464, 472, 448, 432쪽.

각권 18,000원

## 6. 바로보인 무문관

황룡 무문 혜개 선사가 저술한 공안집으로 전등록, 선문염송, 벽암록 등과 함께 손꼽히는 선문의 명저이다.

본칙 48개와 무문 선사의 평창과 송, 여기에 역저자인 대원 문재현 선사의 도움말과 시송으로 생명과 같은 선문의 진수를 맛보여 주고 있다.

272쪽. 12,000원

## 7. 바로보인 벽암록

설두 선사의 설두송고를 원오 극근 선사가 수행자에게 제창한 것이 벽암록이다.

이 책은 본칙과 설두 선사의 송, 대원 문재현 선사의 도움말과 시송으로 이루어져, 벽암록을 오늘에 맞게 바로 보이고 있다.

456쪽. 15,000원

## 8. 바로보인 천부경

우리 민족 최고(最古)의 경전 천부경을 깨달음의 책으로 새롭게 바로 보였다. 이 책에는 81권의 화엄경을 81자에 함축한 듯한 천부경과, 교화경, 치화경의 내용이 함께 담겨 있으며, 역저자인 대원 문재현 선사가 도움말, 토끼뿔, 거북털 등으로 손쉽게 닦아 증득하는 문을 열어놓고 있다.

432쪽. 15,000원

## 9. 바로보인 금강경

대원 문재현 선사의 『바로보인 금강경』은 국내 최초로 독창적인 과목을 내어 부처님과 수보리 존자의 대화 이면의 숨은 뜻을 드러내고, 자문과 시송으로 본문의 핵심을 꿰뚫어 밝혀, 금강경 전체를 손바닥 안의 겨자씨를 보듯 설파하고 있다.

488쪽. 15,000원

## 10. 세월을 북채로 세상을 북삼아

대원 문재현 선사의 선시가 담긴 선시화집 『세월을 북채로 세상을 북삼아』는 선과 시와 그림이 정상에서 만나 어우러진 한바탕이다. 선의 세계를 누리는 불가사의한 일상의 노래, 법열의 환희로 취한 어깨춤과 같은 선시가 생생하고 눈부시게 내면의 소리로 흐른다.

180쪽. 15,000원

## 11. 영원한현실

애매모호한 구석이 없이 밝고 명쾌하여, 너무도 분명함에 오히려 그 깊이를 헤아리기 어려운, 대원 문재현 선사의 주옥같은 법문을 모아 놓은 법문집이다.

400쪽. 15,000원

## 12. 바로보인 신심명

신심명은 양끝을 들어 양끝을 쓸어버리는, 40대치법으로 이루어진, 3조 승찬 대사의 게송이다. 이를 대원 문재현 선사가 바로 번역하는 것은 물론, 주해, 게송, 법문을 더해 통쾌하게 회통하고 자유자재 농한 것이 이『바로보인 신심명』이다.

296쪽. 10,000원

## 13~17. 바로보인 환단고기 (전5권)

『바로보인 환단고기』 1권은 민족정신의 정수인 환단고기의 진리를 총정리하여 출간하였다. 2권에는 역사총론과 태초에서 배달국까지 역사가 실려 있으며, 3권은 단군조선, 4권은 북부여에서부터 고려까지의 역사가 실려 있다. 5권에는 역사를 증명하는 부록과 함께 환단고기 원문을 실었다.

344 · 368 · 264 · 352 · 344쪽. 각권 12,000원

## 18~47. 바로보인 선문염송 (전30권)

선문염송은 세계최대의 공안집이다. 전 공안을 망라하다시피 했기에 불조의 법 쓰는 바를 손바닥 들여다보듯 하지 않고는 제대로 번역할 수 없다. 대원 문재현 선사는 전 공안을 바로 참구할 수 있게끔 번역하고 각 칙마다 일러보였다.

352 368 344 352 360 360 400 440 376 392
384 428 410 380 368 434 400 404 406 440
424 460 472 456 504 528 488 488 480 512쪽
각권 15,000원

## 48. 앞뜰에 국화꽃 곱고 북산에 첫눈 회다

대원 문재현 선사의 선문답집으로 전강·경봉·숭산·묵산 선사와의 명쾌한 문답을 실었으며, 중앙일보의 <한국불교의 큰스님 선문답> 열 분의 기사와 기자의 질문에 대한 대원 문재현 선사의 별답을 함께 실었다.

200쪽. 5,000원

## 49. 바로보인 증도가

선종사에 사라지지 않을 발자취로 남은 영가 선사의 증도가를 대원 문재현 선사가 번역하고 법문과 송을 더하였다.

자비의 방편인 증도가의 말씀을 하나하나 쳐가는 선사의 일갈이야말로 영가 선사의 본의중과 일치하여 부합하는 것이라 아니할 수 없다.

376쪽. 10,000원

## 50. 바로보인 반야심경

이 시대의 야부 선사, 대원 문재현 선사가 최초로 반야심경에 과목을 붙여 반야심경 내면에 흐르는 뜻을 밀밀하게 밝혀놓고 거침없는 송으로 들어보였다.

200쪽. 10,000원

## 51~52. 선(禪)을 묻는 그대에게 (전10권 중 2권)

대원 문재현 선사의 선수행에 대한 문답집. 깨달아 사무친 경지에 대한 밀밀한 점검과, 오후보림에 대한 구체적인 수행법 제시와, 최초의 무명과 우주생성의 원리까지 낱낱이 설한 법문이 담겨 있다.

280쪽, 272쪽. 각권 15,000원

## 53. 바로보인 선가귀감

선가귀감은 깨닫고 닦아가는 비법이 고스란히 전수되어 있는 선가의 거울이라 할 만하다. 더욱이 바로보인 선가귀감은 매 소절마다 대원 문재현 선사의 시송이 화살을 과녁에 적중시키듯 역대 조사와 서산대사의 의중을 꿰뚫어 보석처럼 빛나고 있다.

352쪽. 15,000원

## 54. 바로보인 법융선사 심명

심명 99절의 한 소절, 한 소절이 이름 그대로 마음에 새겨두어야 할 자비광명들이다.
이 심명은 언어와 문자이면서 언어와 문자를 초월한 일상을 영위하게 하는 주옥같은 법문이다.

278쪽. 12,000원

## 55. 주머니 속의 심경

반야심경은 부처님이 설하신 경 중에서도 절제된 경으로 으뜸가는 경이다. 대원 문재현 선사의 선송(禪頌)도 그 뜻을 따라 간략하나 선의 풍미를 한껏 담고 있다. 하루에 한 소절씩을 읽고 참구한다면 선 수행의 지름길이 될 것이다.

84쪽. 5,000원

## 56. 바로보인 법성게

법성게는 한마디로 화엄경의 핵심부를 온통 훤출히 드러내놓은 게송이다. 짧은 글 속에 일체의 법을 이렇게 통렬하게 담아놓은 법문도 드물 것이다.
이렇게 함축된 법성게 법문을 대원 문재현 선사가 속속들이 밀밀하게 설해놓았다.

176쪽. 10,000원

### 57. 달다 - 전강 대선사 법어집

이제는 전설이 된 한국 근대선의 거목인 전강 선사님의 최상승법과 예리한 지혜, 선기로 넘쳤던 삶이 생생하게 담겨 있는 전강 대선사 법어집 < 달다 > !

전강 대선사님의 인가 제자인 대원 문재현 선사가 전강 대선사님의 법거량과 법문, 일화를 재조명하여 보였다.

368쪽. 15,000원

### 58. 기우목동가

그 뜻이 심오하여 번역하기 어려웠던 말계 지은 선사의 기우목동가!

대원 문재현 선사가 바른 뜻이 드러나도록 번역하고, 간결한 결문과 주옥같은 선송으로 다시 보였다.

146쪽. 10,000원

### 59. 초발심자경문

이 초발심자경문은 한문을 새기는 힘인 문리를 터득하게 하기 위하여 일부러 의역하지 않고 직역하였다.

대원 문재현 선사의 살아있는 수행지침도 실려 있다.

266쪽. 10,000원

## 60. 방거사어록

방거사어록은 선의 일상, 선의 누림을 보여주는 대표적인 선문이다. 역저자인 대원 문재현 선사는 방거사어록의 문답을 '본연의 바탕에서 꽃피우는 일상의 함'이라 말하고 있다. 법의 흔적마저 없는 문답의 경지를 온전하게 드러내 놓은 번역과, 방거사와 호흡을 함께 하는 듯한 '토끼뿔'이 실려 있다.

266쪽. 15,000원

## 61. 실증설

이 책의 모태는 대원 문재현 선사가 2010년 2월 14일 구정을 맞이하여 불자들에게 불법의 참뜻을 보이기 위해 홀연히 펜을 들어 일시에 써내려간 이 책의 3부이다. 실증한 이가 아니고는 설파할 수 없는 일구 도리로 보인 이 3부와 태초로부터 영겁에 이르는 성품의 이치를 문답과 인터뷰 법문으로 낱낱이 설한 1, 2를 보아 실증하기를…

224쪽. 10,000원

## 62. 하택신회대사 현종기

육조대사의 법이 중국천하에 우뚝하도록 한 장본인, 하택신회대사의 현종기. 세간에 지해종도로 알려져 있는 편견을 불식시키는 뛰어난 깨달음의 경지가 여기에 담겨있다. 대원 문재현 선사가 하택신회대사의 실경지를 드러내고 바로보임으로써 빛냈다.

232쪽. 10,000원

## 63. 불조정맥 - 韓·英·中 3개국어판

석가모니불로부터 현 78대에 이르기까지 불조정맥진영(佛祖正脈眞影)과 정맥전법게(正脈傳法偈)를 온전하게 갖춘 최초의 불조정맥서. 대원 문재현 선사가 다년간 수집, 정리하여 기도와 관조 끝에 완성한 『불조정맥』을 3개 국어로 완역하였다.

216쪽. 20,000원

## 64. 바른 불자가 됩시다

참된 발심을 하여 바른 신앙, 바른 수행을 하고자 해도, 그 기준을 알지 못해 방황하는 불자님들을 위해 불법의 바른 길잡이 역할을 하도록 대원 문재현 선사가 집필하여 출간하였다.

162쪽. 10,000원

## 65. 누구나 궁금한 33가지

21세기의 인류를 위해 모든 이들이 가장 어렵고 궁금해 하는 문제, 삶과 죽음, 종교와 진리에 대한 바른 지표를 제시하고자 대원 문재현 선사가 집필하여 출간하였다.

180쪽. 10,000원

## 66. 108진참회문 - 韓·英·中 3개국어판

전생의 모든 악연들이 사라져 장애가 없어지고, 소망하는 삶을 살게 하기 위해 대원 문재현 선사가 10계를 위주로 구성한 108 항목의 참회문이다. 한 대목마다 1배를 하여 108배를 실천할 것을 권한다.

170쪽. 15,000원

## 67. 달마의 일할도 허락지 않는다

대원 문재현 선사의 짧고 명쾌한 법문집. 책을 잡는 순간 달마의 일할도 허락지 않는 선기와 맞닥뜨리게 될 것이다. 때로는 하늘을 찌를 듯한 기세와, 때로는 흔적 없는 공기와도 같은 향기를 일별하기를…

190쪽. 10,000원

## 68. 마음대로 앉아 죽고 서서 죽고

생사를 자재한 분들의 앉아서 열반하고 서서 열반한 내력은 물론 그분들의 생애와 법까지 일목요연하게 수록해놓았다.

446쪽. 15,000원

## 69. 화두 - 韓·英·中 3개국어판

『화두』는 대원 문재현 선사의 평생 선문답의 결정판이다. 생생하게 살아있는 선(禪)을 한·영·중 3개국어로 만날 수 있다. 특히 대원 문재현 선사의 짧은 일대기가 실려 있어 그 선풍을 음미하는 데에 큰 도움을 주고 있다.

440쪽. 15,000원

## 70. 바로보인 간당론

법문하는 이가 법리를 모르고 주장자를 치는 것을 눈먼 주장자라 한다. 법좌에 올라 주장자 쓰는 이들을 위해서 대원 문재현 선사가 간당론에서 선리(禪理)만을 취하여 『바로보인 간당론』을 출간하였다.

218쪽. 20,000원

## 71. 완전한 우리말 불공예식법

부처님께 공양을 올리고 불보살님의 가피를 구하는 예법 등을 총칭하여 불공예식법이라 한다. 대원 문재현 선사가 이러한 불공예식의 본 뜻을 살려서 완전한 우리말본 불공예식법을 출간하였다.

456쪽. 38,000원

## 72. 바로보인 유마경

유마경은 가히 불법의 최정점을 찍는 경전이라 할 것이니, 불보살님이 교화하는 경지에서의 깨달음의 실경과 신통자재한 방편행을 보여주는 최상승 경전이다. 대원 문재현 선사가 < 대원선사 토끼뿔 >로 이 유마경에 걸맞는 최상승법을 이 시대에 다시금 드날렸다.

568쪽. 20,000원

## 73. 실증설 5개국어판 - 韓·英·佛·西·中

대원 문재현 선사가 불법의 참뜻을 보이기 위해 홀연히 펜을 들어 일시에 써내려간 실증설! 실증한 이가 아니고는 설파할 수 없는 도리로 가득한 이 책이 드디어 영어, 불어, 스페인어, 중국어를 더하여 5개국어로 편찬되었다.

860쪽. 25,000원

## 74. 누구나 궁금한 33가지 3개국어판 - 韓·英·中

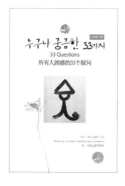

누구라도 풀어야 할 숙제인 33가지의 의문에 대한 답을 21세기의 현대인에게 맞는 비유와 언어로 되살린 『누구나 궁금한 33가지』가 한글, 영어, 중국어 3개국어로 출간되었다.

408쪽. 15,000원

## 75. 달마의 일할도 허락지 않는다 3개국어판 - 韓·英·中

대원 문재현 선사의 짧고 명쾌한 법문집인 『달마의 일할도 허락지 않는다』가 한글, 영어, 중국어 3개국어로 출간되었다. 전세계에서 유일하게 활선의 가풍이 이어지고 있는 한국, 그 가운데에서도 불조의 정맥을 이은 대원 문재현 선사가 살활자재한 법문을 세계로 전하고 있는 책이다.

308쪽. 15,000원

## 76~81. 화엄경 (전81권 중 6권)

대원 문재현 선사님은 선문염송 30권, 전등록 30권을 모두 역해하여 세계 최초로 1,463칙 전 공안에 착어하였다. 이러한 안목으로 대천세계를 손바닥의 겨자씨 들여다보듯 하신 불보살님들의 지혜와 신통으로 누리는 불가사의한 화엄세계를 열어 보였다.

206, 256, 264, 278, 240, 288쪽.
각권 15,000원

## 법문 MP3를 주문판매합니다

부처님의 78대손이신 대원(大圓) 문재현(文載賢) 전법선사님의 법문 MP3가 나왔습니다. 책으로만 보아서는 고준하여 알기 어려웠던 선문(禪文)의 이치들이 자세히 설하여져 있어서, 모든 궁금증을 시원하게 풀어줄 것입니다.

- 천부경 : 15,000원
- 신심명 : 30,000원
- 현종기 : 65,000원
- 기우목동가 : 75,000원
- 반야심경 : 1회당 5,000원 (총 32회)
- 선가귀감 : 1회당 5,000원 (총 80회)

- 금강경 : 40,000원
- 법성계 : 10,000원
- 법융선사 심명 : 100,000원

# 대원 선사님 작사 노래 CD 주문판매합니다

가슴으로 부르는
불심의 노래

1. 서 원 가 (3:36)
2. 반조 염불가 (4:00)
3. 소중한 삶 (2:30)
4. 석가모니불 (4:52)
5. 뱃서의 노래 (4:25)
6. 염원의 노래 (3:25)
7. 음성 공양 (3:51)
8. 발 심 가 (3:05)
9. 자비의 품 (4:10)
10. 부처님 은혜(첫 번째) (4:34)

11. 보살의 마음 (3:50)
12. 이 생에 해야 할 일 (3:08)
13. 구도의 목표 (3:18)
14. 닦은 아시리 (3:42)
15. 부처님 은혜(두 번째) (4:34)
16. 성중성인 오셨네 (3:10)
17. 내 문제는 내가 풀자 (2:38)
18. 즐거운 밤 (2:27)
19. 관 음 가 (2:48)

• 가격 : 2만원

가슴으로 부르는
불심의 노래 2

1. 부 처 님 (4:01)
2. 열반재일 (3:09)
3. 성도재일 (4:00)
4. 석굴암의 노래 (3:19)
5. 님의 모습 (3:15)
6. 믿고 따르세 (2:55)
7. 신명을 다하리 (4:17)
8. 부처님께 바치는 마음 (3:49)
9. 감사합니다 (3:10)
10. 교 유 가 (4:30)

11. 섭천강 초혼 (3:08)
12. 권 수 가[1] (3:02)
13. 권 수 가[2] (3:02)
14. 우란분재일 (3:38)
15. 고맙습니다 (2:31)
16. 믿음으로 여는 세상 (3:05)
17. 출가재일 (2:44)
18. 염 원 (2:52)
19. 우리네 삶, 고운 수로 (2:35)
20. 숲속의 마음 (2:33)

• 가격 : 1만5천원

문의 전화 ☎ 031-534-3373

유튜브에서 채널 구독하시고
무료로 찬불가 앨범을 감상하세요

유튜브에서 MOONZEN을 검색하시거나
아래의 주소로 접속해주세요

http://www.youtube.com/user/officialMOONZEN